はじめに

「超ミニ盆栽」は、小さいものでは指先にのるほどのとても小さな盆栽です。

盆栽はふつう、20cmの大きさのものであれば、完成までに20年かかるといわれますが、超ミニ盆栽は、つくってすぐに観賞することができます。簡単にできて場所をとらないのでだれでも気軽に始めることができ、インテリアや雑貨のように、おしゃれに部屋に飾ることもできます。

また、手入れのポイントを押さえれば何年でも長もちし、その成長や変化を楽しめるのも魅力。「盆栽」というと、"時間に余裕のある人の趣味"というイメージがあるかもしれませんが、忙しい人や若い女性にもおすすめ。暮らしのなかに、小さくてもみどりがあると、なぜだかとても、ほっとするものです。

ぜひ、超ミニ盆栽を始めてみてください。

指先にのる小さな小さな盆栽

「超ミニ盆栽」は、
わずか3cmほどの盆栽。
なんといっても、
そのかわいらしさが魅力です。
小さくても根を張り、
ちゃんと生きています。

ドラゴンズブラッド（多肉植物）

本格的な盆栽の醍醐味も味わえる

枝や葉の手入れをしながら育て
自分の思いどおりの形をつくっていくことは、盆栽のおもしろさのひとつ。
超ミニ盆栽では、そんな本来の盆栽の醍醐味も存分に味わうことができます。

コトネアスター

アベマキ一年生(左)とアベマキ三年生(右)

どんぐりを発芽させたり
その成長を楽しんだり

超ミニ盆栽をつくるときには、
どんぐりなどの種子を発芽させたものや、
挿し木で根を出させたものを苗木として使います。
芽や根が出て日々変化していくようすを見ることは、
日々のちょっとした楽しみになるでしょう。

ネム(合歓)とどんぐりの寄せ植え

超ミニ盆栽で季節を感じる

芽吹き、花が咲き、紅葉し、落葉し……、
というように、
小さな鉢の中の世界でも
季節は移り変わっていきます。
超ミニ盆栽は、身近に四季を感じさせてくれる、
自然の縮図なのです。

ニレケヤキ（楡欅）

カイドウ（海棠）

飾り方を くふうするのも楽しい

かわいい小皿やコースターを使ったり、
ミニチュアの人形と並べたり、
飾り方の決まり事にとらわれずに
思いのままに飾ることができるのは、
超ミニ盆栽ならでは。飾り方を
あれこれ考えるのも楽しみのひとつです。

ヒトツバタゴ（一つ葉タゴ）

カイドウ（海棠）

自分のセンスで 超ミニ盆栽をデザインする

少し慣れてくれば、できあがりの樹形や
飾り方をイメージして
超ミニ盆栽をつくれるようになるでしょう。
超ミニ盆栽は、小さな芸術作品。
素材選びや形づくりで表現する楽しさを、
ぜひ味わってください。

ゴヨウマツ（五葉松）

Contents

はじめに……………1

Part 1
超ミニ盆栽のきほんと準備

きほん
超ミニ盆栽ってどんなもの？……………8
超ミニ盆栽の魅力とは？……………10
超ミニ盆栽づくりの段取り……………12

準備
材料・道具をそろえる……………14

column
身近なもので鉢をつくろう……………17

苗木を用意する……………18
　挿し木で増やす……………20
　種子から育てる(実生)……………22
　ミズゴケ実生……………24

Part 2
超ミニ盆栽をつくる

つくる きほん
超ミニ盆栽のつくり方……………26

つくる アレンジ
クネクネ超ミニ盆栽をつくる……………30
マキマキ超ミニ盆栽をつくる……………34
種子見せ超ミニ盆栽をつくる……………38

column
いろいろなアレンジを楽しもう……………42

Part 3
超ミニ盆栽の手入れ

手入れ
日頃の管理のきほん……………44
　水やり……………45
　施肥……………46
　消毒・殺虫……………47
　枝の管理……………48
　植え替え……………50

column
何日か不在にするときは……………52

Part 4
超ミニ盆栽を飾って楽しむ

飾る
飾り方のポイント……………54
　小物を上手に活用する……………55
　超ミニ盆栽の"ステージ"をつくる……………56
　小さな世界をつくって楽しむ……………58
　お気に入りの雑貨といっしょに飾る……………60
　日々の生活にさりげなく取り入れる……………62
　部屋の中のなごみスポットに……………65

column
本格的に飾ってみよう……………66

Part 5
いろいろな超ミニ盆栽

もっと楽しむ
盆栽の種類……………68

もっと楽しむ
樹形の違いを楽しむ……………72

超ミニ盆栽用語集……………78

さらにチャレンジ
雑貨で楽しむミニ盆栽……………80

つくる ミニ盆栽
苔玉をつくる……………84

超ミニ盆栽の名脇役・苔図鑑……………88
超ミニ盆栽におすすめ樹木図鑑……………89

※本誌は当社より既刊のプティック・ムック no.1373 が好評につき、新規編集を加えて書籍化いたしました。

Part 1

超ミニ盆栽の
きほんと準備

超ミニ盆栽についてもっと詳しく知り

具体的につくっていくイメージがわくよう、

ここでは、超ミニ盆栽づくりの段取りや

準備するものをまとめました。

「超ミニ盆栽をつくりたい！」と思ったら、

チェックしてみてください。

アベマキ

アカシダレモミジ
（赤枝垂もみじ）

カリン（花梨）

超ミニ盆栽ってどんなもの？

「盆栽」は、見たことがあり言葉も知っているけれど、
どんなものなのか詳しくはわからない、という人が多いのではないでしょうか。
まずは、盆栽について簡単に知っておきましょう。

わずか3cmの小さな小さな盆栽

　盆栽は、その大きさによっていくつかの種類に分けられます。大きくは、右にあげたように「大品盆栽」「中品盆栽」「小品盆栽」に分けるのが一般的。なかでも、小品盆栽は大きなものと比べて扱いやすく、"手のひらサイズの盆栽"として最近人気を集めています。

　小品盆栽のなかでもとくに小さいものは「ミニ盆栽」「豆盆栽」などと呼ばれています。「超ミニ盆栽」はそれよりもさらに小さな盆栽。ここでは、樹高、または幅が3cm以下のものを「超ミニ盆栽」と呼んでいますが、厳密に測ってあてはめるのではなく、"指でつまんだりのせたりすることができるほどの小さな盆栽"というイメージでとらえておきましょう。

盆栽の種類

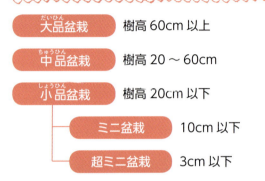

一般的な小品盆栽　　ミニ盆栽　超ミニ盆栽

まめ知識

盆栽の歴史

　盆栽は、遡ると中国から遣隋使や遣唐使によってもたらされたといわれています。平安時代には貴族が植物を器に植えて鑑賞していたといい、鎌倉時代にはさまざまな樹種や鉢が用いられるようになりました。そして、江戸時代になると大名から町民までの間に幅広く広まり、この頃、「盆栽」という呼び方が使われるようになったと考えられています。

　そうしたなか、明治の頃には、現在の盆栽につながる「小さな鉢の中に壮大な自然の美を表現し、それを鑑賞する」といった日本ならではの芸術観が確立されていきます。

　近年は、欧米を中心に「BONSAI」として愛好家が急増。国内でも、これまで"年配の人の趣味"というイメージの強かった盆栽が、若い人や女性に受け入れられるようになっています。その流れのなかでより手軽に楽しめる「超ミニ盆栽」が生み出されたのは、自然な流れなのかもしれません。

超ミニ盆栽のいろいろ

ウメモドキ（梅擬）

サクラ（桜）

ハクチョウゲ（白丁花）

ヒメネコヤナギ（姫猫柳）

レンギョウ（連翹）

ゴヨウマツ（五葉松）

ツルマサキ（蔓柾）

超ミニ盆栽の魅力とは？

超ミニ盆栽がおすすめの理由は？　大きな盆栽との違いは？
花や観葉植物などのふつうの鉢植えとどう違うの？
超ミニ盆栽の魅力を、改めてさぐってみましょう。

扱いやすく小さくてかわいい

　そもそも盆栽とは、「幹や枝に手を加え育てた鑑賞用の鉢植え」のこと。樹形をととのえ、小さな鉢の中に自然の景観を表現するところがふつうの鉢植えとの違いで、思いどおりに仕立てるには何年もの月日が必要です。大きく育てていくためには、時間だけでなく場所や費用も必要で、そのため、盆栽は比較的時間などに余裕がある人の趣味として広まってきました。

　それをもっと簡単に、時間をかけずに狭い場所でもできるようにと生み出されたのが「超ミニ盆栽」。超ミニ盆栽なら、苗木の用意ができればつくってすぐに飾って鑑賞できます。しかも小さくてかわいいのが魅力。手入れをきちんとすれば長く育てていくこともむずかしくなく、成長や樹形の変化も楽しめます。超ミニ盆栽は、手軽につくって、育てて、飾ることが楽しめる、若い人や女性にもおすすめの趣味なのです。

つる性の植物をくるくると巻いた「マキマキ超ミニ盆栽」。盆栽初心者にもおすすめ（→ p.34）。

つくる楽しみ

植物をただ育てるのではなく、
幹の形など、自分の思うままに
つくりあげていくのが盆栽の魅力。
超ミニ盆栽なら、手軽に始められます。

育てる楽しみ

放っておくとたちまち弱ってしまうけれど、
それも超ミニ盆栽の魅力。
手をかければ何年も成長しつづけ、
経年の変化も楽しめます。

写真左はマツの一年生、右は二年生。小さいながらも、時間を経るうちに風格が出てきます。

つくりたい樹形をイメージしながら、枝の管理。慣れてくれば、この作業も楽しい時間に(→p.48)。

飾る楽しみ

超ミニ盆栽は、雑貨のようなかわいらしさ。
透明な小物入れや小皿など、
身近なものを使って
手軽に素敵に飾ることができます。

たくさん並べればかわいらしさが倍増。窓辺や棚の上、キッチンなど、飾る場所は自由です。

超ミニ盆栽づくりの段取り

大きな盆栽と比べるとずっと手軽につくれる超ミニ盆栽ですが、
1日、2日でできあがるわけではありません。でも、その過程も盆栽づくりの醍醐味。
手間をかけ、変化を観察し、楽しみながらつくってみましょう。

まずは苗木を育てる

超ミニ盆栽用の小さな苗木は、お店では売られていないので自分で用意します。その方法は大きく分けて2種類。ひとつは挿し木で増やす方法で、切り取った枝などを土に挿して発根させます。もうひとつは種子から育てる方法で、これは「実生（みしょう）」といいます。

超ミニ盆栽用の苗木は、アイビーなどつる性植物のように採取してすぐに使えるものもありますが、たいていは挿し木や実生で育てて1か月～1年ほどたってから苗木として使えるようになります。

苗木は、すぐに超ミニ盆栽に仕立てずに苗木として育て続けても構いません。いくつかの苗木を育てておけば、いつでも、好きなだけ超ミニ盆栽がつくれます。

超ミニ盆栽をつくる・育てる・飾る

苗木が育ったら、いよいよ超ミニ盆栽づくりです。小さな鉢に苗木を植えつけます。ふつうの盆栽は、鑑賞できるように仕立てるまでに何年も必要ですが、超ミニ盆栽は植えつけたらもう完成です。その一方で、樹形をととのえたり、花を咲かせたり実をつけさせたりといった、盆栽ならではの醍醐味もちゃんと味わうことができます。

盆栽は、毎日の水やり、定期的な施肥（せひ）や消毒、枝や根の管理をすることで、1年、2年と長く楽しむことができます。基本的には屋外で育てます。部屋に飾るのは1～2日程度にとどめておきたいところですが、ここぞというときにおしゃれでかわいいインテリアのように飾ることができ、目を楽しませ、心をなごませてくれます。

まめ知識

小さな盆栽は大きくはならないの？

小さな鉢に植えた超ミニ盆栽は、屋外に植えたときのように大きくなることはなく、小さなまま。たとえば、人の背丈ほど大きくなる庭木も、小さな鉢の中では小さく育ちます。

ただし、長く育てていくためには、定期的に植え替えが必要。鉢から出して根の手入れをし土を新しいものに替えることで、小さくても根を張り、養分を吸収し、丈夫に育っていきます。

モミジの超ミニ盆栽。小さな鉢の中で小さく育つ。

苗木を育て、超ミニ盆栽をつくって飾るまで

苗木のための素材を探す

苗木は、挿し木で増やすか、または種子から育てます。挿し木用の挿し穂は、庭木や鉢植えから採取するのがよいでしょう。種子は、庭や公園、雑木林などで、どんぐりや松ぼっくりを採取して使います（→ p.18）。

どんぐりから実生苗を育てる。　庭のツゲから採った挿し穂。

苗木を育てる

苗木は、樹木の種類によっていろいろですが、早いもので1か月ほどでしっかり根が張り、超ミニ盆栽の苗木として使えるようになります。苗木を育てておけば、好きなときに超ミニ盆栽に仕立てることができます（→ P.20〜24）。

どんぐりから育てた実生苗。ここでは、種子を土より上に出して育てている。

超ミニ盆栽をつくる

苗木までできていれば、超ミニ盆栽づくりはあっという間です。シンプルな超ミニ盆栽であれば、小さな鉢に植えつければ完成！　本格的に幹をクネクネさせたり、おもしろい樹形をつくりたいときは、針金かけをして形をととのえます（→ Part2）。

ツゲの苗木を鉢に植え、超ミニ盆栽づくり。

超ミニ盆栽を育てる

超ミニ盆栽は、屋外で育てます。庭はもちろん、ベランダなど狭いスペースでも、くふう次第で育てる環境がつくれます。さらに施肥や消毒・殺虫、枝の管理、植え替えによる根や土の管理をすることで、元気に育っていきます（→ Part3）。

超ミニ盆栽の水やり。広いスペースがなくても管理はできる。

超ミニ盆栽を飾る

お客様を招くときや、日々の生活のなかに緑を取り入れたいな、というときには、超ミニ盆栽を飾りましょう。盆栽の飾り方の決まり事にとらわれることなく、思いのままに飾ればOK。小さくても存在感があり、心をなごませてくれます。（→ Part4）。

飾り方を考えるのも楽しいひととき。

準備 材料・道具をそろえる

必要な材料や道具は、身近にあるものと
ホームセンターや園芸店でそろえることができます。

小さな鉢と細かい作業に合わせた材料と道具を

　超ミニ盆栽用には、小さな鉢に合った小粒の土や、細かい作業をしやすいピンセットなどの道具を使います。最初からあれこれそろえる必要はなく、まずは基本的なものを用意し、もっと続けたくなったら専門的な道具などをそろえればよいでしょう。

　ここで紹介するものは、超ミニ盆栽づくりに必須の「土」と「道具」「鉢」です。ミズゴケや苔も用意しておきましょう。枝を固定したり樹形をととのえたりしたいときには、さらに針金も必要になります。使うものをイメージして準備しましょう。

土

土は配合したものを使います。超ミニ盆栽には、「極小粒」「小粒」など、それぞれの種類の中でも粒が小さいものを使います。

●通気性や保水性がポイント

　土は、通気性や保水性、排水性などのバランスを考え、以下のような配合で使います。混ぜた土は、使いやすい大きさの密閉容器に入れておくとよいでしょう。密閉容器のふたは超ミニ盆栽をつくるときの作業台にぴったりで、さらに容器の中にデザート用のプラスチックのスプーンを入れておくと、土をすくうときに便利です。

❶ 硬質赤玉土（極小粒）……60%
赤玉土は、関東ローム層の赤土ををふるいわけた粒状の土。硬質のものはくずれにくく、とくに通気性、保水性、排水性にすぐれている。
❷ 富士砂（小粒）……20%
富士山の火山灰を選別したもの。保水性にすぐれている。
❸ 矢作川砂（1号）……20%
中部地方でおなじみの川砂。粒がくずれ難く排水性にすぐれている。

道具

きほんの道具は、どれもホームセンターなどで入手できます。慣れてきたら、徐々にほかの道具をそろえていきましょう。

●ハサミ、ピンセット、針金切りがきほんの3点セット

まずは、ハサミ、ピンセット、針金切りがあればOKです。とくに、ハサミとピンセットは苗木づくりでも使います。

❶ 針金切り：枝を固定するときに使う針金を切る道具。
❷ ハサミ：枝を剪定するときに使う。
❸ ピンセット：枝葉にさわったり、土を詰めたりするときに使う。

買い足すなら
❶ ラジオペンチ：針金の形を変えるときに使う。
❷ 又切り：枝を枝元からきれいに切断することができる。
❸ 根切りバサミ：根を切る専用のハサミ。

本格的に
❶ コブ切り：木にできたコブを切るときに使う。
❷ カッターナイフ：枝切り後の幹をなめらかに削る。
❸ 小刀（こがたな）：取り木など幹を削るのに使う。
❹ 根ほぐし：根をほぐすのに使う。

ミズゴケ・苔（こけ）

どちらも、超ミニ盆栽を植えつけるときに使います。身近にあるものですが、いざというときに不足しないよう入手しておきましょう。

ミズゴケ
鉢の土を覆うのに使う。ミズゴケには、土がこぼれたり乾燥したりするのを防ぐふたの役目がある。ホームセンターや100円ショップで入手できる。

苔
苔は土を覆ったミズゴケの上に植えつける。見栄えがよくなるほか、水の管理がうまくいっているかどうかのめやすにもなります。

鉢

小さな鉢はとてもかわいらしく、鉢を探すのも盆栽の楽しみに。いろいろな形や色柄のものがあります。

●お気に入りの鉢を見つけよう

本来の盆栽では、鉢は作品の一部です。樹木と鉢が調和したものがよいとされ、樹種や樹形に合わせて材質や形など、さまざまな鉢が使われます。

大きな盆栽と同様に小さな盆栽用にも、「豆鉢」などと呼ばれる鉢がありますが、身近なところでは手に入りにくいかもしれません。超ミニ盆栽をつくるときには、盆栽用にこだわらず、小さな器を使うなどして自分のセンスで自由に選んでもよいでしょう。

鉢作家の一点もの

ホームページなどで、豆鉢をつくる陶芸作家を探してみましょう。一点ものなので少々高価なものもありますが、小さくても本格的で素敵なものがそろいます。

機械製作の鉢

シンプルなつくりではありますが、安価で手に入りやすいのがこの鉢です。盆栽店で扱っているところがあるほか、盆栽まつりなどのイベントで販売されていることもあります。

珍しい鉢

小さな盆栽について見たり調べたりしていると、瓦形のものや、本の形をしたものなど、珍しい鉢に出会えることもあります。お気に入りを見つけたら、入手しておきましょう。

こんなものも鉢に！

きれいな形の貝殻を鉢の代わりに使いました。底穴があいていないため水の管理がむずかしくなりますが、丈夫な植物なら問題なく育ちます。

column

身近なもので鉢をつくろう

超ミニ盆栽づくりに使える鉢は、
販売されているものばかりではありません。
身近にあるもので、オリジナルの鉢を用意しましょう。

準備

盆栽を管理しやすい鉢の条件

鉢は、水の管理がしやすいよう、底に穴があいているものがベストです。ただし、アイビーや多肉植物など、丈夫で水の心配が少ない植物を植えれば、穴があいていなくても使えないことはありません。

また、超ミニ盆栽は小さいので、鉢の底が安定していて倒れにくいこともポイントです。

この条件を満たすように、身近なものにくふうを施し、鉢に見立てて活用してみましょう。

鉢のアイデア①

小さな器の底に穴をあけて

向こう付けなどの小さな器に穴をあけて、鉢に使ってみましょう。陶器は穴があきますが、磁器は割れてしまうので、穴をあけるのには向いていません。

① 地面や安定性のよい台の上に、ぬらして絞った雑巾を敷き、その上に器を逆さまにして置く。
② 穴をあけたい場所に釘を当て、金づちで軽くたたく。力を入れずに、同じところを何度もたたくのがコツ。

根気よく100回程度たたくと、きれいに穴があく。

鉢のアイデア②

指貫（ゆびぬき）に脚をつけて

指貫は、底にまるみがあって倒れやすいので、陶器用のセメントを底4か所に盛って脚をつくります。底穴をあけてもよいのですが、ものによっては割れてしまうので、穴はあけないままのほうがよいでしょう。

底に陶器用セメントで脚をつくった指貫。

海外のおみやげなどの指貫は、色柄がきれいで鉢にぴったり。

準備 苗木を用意する

ここでいう「苗木」とは、超ミニ盆栽づくりに使う樹木のこと。
小さくてお店などでは売られていないので、
挿し木をするか、種子から育てる実生かで用意します。

苗木用の素材を入手し育てる

　素材の入手方法、苗木の育て方は、挿し木か、実生かで違ってきます。

　まず、挿し木で育てる場合は、庭木や鉢植えから枝や茎の一部を切り取り、これを挿し穂にします。アイビーなどつる性の植物は観葉植物としても出まわっていて、入手しやすいうえに、丈夫で育てやすいので、初心者におすすめです。

　一方、実生の場合、公園や雑木林などで採取できるどんぐりや松ぼっくりが苗木のもととなります。

　注意したいのは、いずれにしても人の家の庭木を無断で採取したり、保安林など採取が禁じられている場所で採ったりしないこと。高山植物はすべて採取できないことになっています。自然保護の気持ちを忘れずに、自然の恵みを少しいただく気持ちで採取しましょう。

　採取した挿し木や実生を育てて、根や芽が出たら、これが超ミニ盆栽に使う苗木となります。

挿し木で育て、1年後に十分に育ったツゲの苗木。

まめ知識　苔はどうやって用意すればよい？

　苗木と合わせて、超ミニ盆栽をつくる前に用意したいのが「苔」です。苔は超ミニ盆栽をつくるときに土の上に張るのに使います。

　苔は乾燥した状態で市販されているミズゴケを除き、生きたものはほとんど販売されていません。ほかの盆栽に使われているものや公園などに生えているものを採取して、浅めの鉢などにぬらした新聞紙を敷いた上に置いて日陰で管理します。苔が必要なときに取り出して使えるように準備しておきましょう。

土に張った苔は全国に広く分布するホソウリゴケ。背の低い苔を探して使いましょう。

挿し木に向く素材と採取方法

庭木や鉢植えから枝や茎を採取する

　挿し木に向く素材は、種子をつくらないもの、種子から育てると苗木として使えるようになるまで時間がかかるものなどです。たとえば、ツゲ、ツルマサキ、レンギョウ、ウツギなどの雑木類（→p.69）や、スギ、シンパクなど盆栽でおなじみの松柏類（→p.68）などがあります。

　採取の適期は、芽が出る前の3月頃と枝が硬まった6月頃。枝の先端の新芽はやわらかくて腐りやすいので、古い枝を2～3節残して切り取ります。下葉を取り除きこれを挿し穂に。樹木の種類によって違いますが、1か月～1年たって根がしっかり生えたら、これらが「挿し木苗」となります（→p.20）。

レンギョウの挿し木苗

トショウの挿し木苗

実生に向く素材と採取方法

どんぐりや松ぼっくりを種子にする

　実生に向く素材は、実のなる樹木や種子が採取しやすいものです。たとえば、コナラ、クヌギ、アベマキなどのどんぐりはそのまま種子となります。どんぐりは11～12月頃に公園や雑木林で採取しますが、もっと身近な果物の種子で、たとえば食べ終わったマンゴーやビワなどの種を育ててみるのも楽しいでしょう。一方、モミジやトウカエデなどは、秋に採取した種子の羽の部分を取り、涼しいところで保管しておきます。

　樹木には、種子をまくとすぐに芽が出る短期型、3月に種をまくと1年で苗木となる1年型、翌年以降に芽が出る多年型があります。種子をまき、発根・発芽したら、これらが「実生苗」となります（→p.22）。

サワシデの実生苗

モミジの実生苗

挿し木で増やす

枝などを土に挿して根や新芽を出させます。ここでは、ツゲの挿し穂を使います。

用意するもの
- 挿し穂
- 鉢（4号）
- 土（培養土）
- 植物活力剤

必要な道具
- ハサミ
- ピンセット
- 受け皿（挿し穂が入る大きさのもの）
- バケツ、または大きめの容器（水がたっぷり入るもの）

挿し木でできる

挿し穂を用意する

挿し穂は、新芽（穂先の明るい色の部分）はやわらかくて腐りやすいので、前年の芽を残して切る。

枝の下のほうの葉を取り除く。

受け皿に水で希釈した植物活力剤（ここではメネデールを100倍に希釈）を入れ、挿し穂をつけておく（数時間）。

土を用意する

鉢に土を入れる。

バケツに水を張り、鉢を九分目まで浸し、底穴から水を吸収させる。

土に水を吸収させたところ。

挿し穂を植える

土に等間隔でピンセットを挿し、穴をあける。

穴をあけたところに挿し穂を挿す。

> **Point**
> **間隔はあけすぎず
> くっつけすぎず**
> 挿し穂を植える間隔は、挿し穂どうしがぎりぎり触れない程度に。間隔をあけすぎると、風に揺れるなどして倒れやすくなってしまいます。

準備

挿し穂の根元の土をピンセットですき込み、挿し穂を固定する。

水締めをする

水をたっぷり入れたバケツの中に鉢を入れ、水締めをする。

日陰に置く

挿し木をして1週間は、日に当てず、日陰に置いてようすを見る。

完成

ツゲは1年で根が出て、苗木として使えるようになる。

> **まめ知識**
> **根が出たかどうかは
> どうやって確認する？**
>
> 　根がしっかり出たかどうか確認するためには、抜いてみないとわかりません。ただし、根が出るのと新芽が出るのは連動しているため、新芽が出てきたら根も出てきたと考えてよいでしょう。
> 　それぞれの樹木について、どれくらいで根が出るか、めやすを知っておくとよいでしょう。

種子から育てる（実生）

植物を種子から育て発芽させる方法を「実生」といいます。ここでは、アベマキとコナラを使っています。

用意するもの
・どんぐり 10 個
・鉢（4 号）
・土（培養土）

必要な道具
・バケツ、または大きめの容器
（水がたっぷり入るもの）

実生でできる

まき床を用意する

鉢に土を入れる。

バケツに水を張り、鉢を九分目まで浸し、底穴から水を吸収させる。

土に水を吸収させたところ。

どんぐりをまく

土にどんぐりを軽く押し込むように、等間隔でまいていく。

どんぐりをまき終えたところ（長い実がコナラ、丸い実がアベマキ）。

Point
いろいろな種類が混ざっていてもOK

どんぐりをまくときに、ひとつの鉢に違う種類のものが混ざっていても問題はありません。入手できたものや、好みのものをまきましょう。

● 土をかぶせる

どんぐり1個分ぐらいの厚さの土をかぶせる。

手で軽く押さえて安定させる。

Point
小さい種子の場合は土は薄めに

モミジなど小さな種子をまく場合は、かぶせる土の厚さは水をかけたときに種が飛び出してしまわないように種子の大きさの2～3倍の厚さにします。

準備

● 完成

水を与えて完成。根が出るまでは外気に当て、たっぷり水を与えながら管理する。

まめ知識

1年ごとに植え替えが必要

挿し木で増やす場合も、種子から育てる場合も、超ミニ盆栽に仕立てずにそのまま苗木として育てるのであれば1年後に植え替えが必要です。植え替える理由のひとつは、1年で鉢の中いっぱいに根が張ると、それ以上根が伸びなくなり、成育が悪くなってしまうため。またもうひとつは、土がドロドロになり、水や空気が通らなくなってしまうため。植え替えることで苗を長く育てることができます。

ミズゴケ実生

水を含ませたミズゴケの中で実生させることによって、クネクネとした根になり、この形を生かした超ミニ盆栽をつくることができます。

用意するもの
・どんぐり
・ミズゴケ
・ビニール袋

必要な道具
・ハサミ

> **まめ知識**
> ミズゴケ実生はいつ行うのがよい？
>
> 種を採種してすぐに行ってもOKですが、室内に置いておくと冬に発芽してしまうので、春先まで種で保存して、3月になってから行うとよい。

● ミズゴケを用意する

ミズゴケはハサミで細かく刻み、水に浸して軽く絞っておく。

● どんぐりを入れ密閉する

ビニール袋の中にミズゴケを入れ、どんぐりを入れる。

ビニール袋の口を絞って密閉する。

● 根が出たら

3週間ほどで根が出たところ。

ミズゴケ実生で発根させた木の実。左から、アベマキ、ツバキ、コナラ。

● 植え替える

根が出たところで超ミニ盆栽づくりに使ってもよいが、植え替えることでまた違った樹形のものができる。

Part 2
超ミニ盆栽をつくる

道具や植える素材の用意ができたら、
いよいよ超ミニ盆栽づくりです！
まず基本的なつくり方を覚え、
慣れてきたらアレンジにも挑戦してみましょう。
ひとつできると、きっと
もっとたくさんつくりたくなるはずです。

ウツギ（空木）

モミジ

コトネアスター

超ミニ盆栽のつくり方

ここでは、ツゲの挿し木苗を使って超ミニ盆栽をつくります。
苗木の準備、植え方、ミズゴケや苔の使い方など、
さまざまな超ミニ盆栽づくりや植え替えのきほんになります。

ナツツバキ（夏椿）

スギ（杉）

アセビ（馬酔木）

オオミベニシタン（大実紅紫檀）

用意するもの
・苗木 ・鉢 ・土 ・ミズゴケ ・苔

必要な道具
・ハサミ ・ピンセット ・小さいスプーン 　（鉢に土を入れるときに使う） ・バケツ、または大きめの容器 　（水がたっぷり入るもの）

苗木をととのえる

枯れた葉や傷んだ葉、茎の下のほうの余分な葉を取り除き、苗木の形をととのえる。

まめ知識
植え替えのときに根はどうすればよい？

植え替えの適期（3月）に行うときは、木が眠っているときに行うので根を切ってもOKですが、その他の時期に植え替えを行うときは、木の負担を減らすため、できるだけ根は切らないようにします。

やむを得ず根を切るときは、同じ割合で葉も減らしてバランスを取りましょう。

苗木と鉢を合わせてみる

苗木と選んだ鉢の雰囲気が合うか、植えたときに格好がよいかを確認する。

実際に苗木を鉢に入れてみて、バランスがよいかも確認。鉢の中央に植えるほか、鉢の端に寄せて植える方法もある。

土を入れる

スプーン1杯分の土を入れる。まずは鉢の底が見えない程度に薄く土が敷ければOK。

植えつける

根の先から、根が傷まないようていねいに鉢の中に入れる。

苗木と鉢の正面を意識し、バランスよく苗木を据えつける。

まめ知識
樹木の"正面"はどこ？

樹木には、厳密には表側と裏側があります。日本の庭園を思い浮かべてみましょう。庭園を眺める部屋の多くは、南向きです。樹木は太陽がよく当たる南側に向かって葉が多く茂るので、部屋から眺める樹木は、葉の茂り方が少ないほうということになります。

つまり、葉が少ないほうが表側で正面。ただし、超ミニ盆栽をつくるときは、それを意識しすぎる必要はなく、見栄えよく据えつければOKです！

● 土を足していく

苗木を押さえながら、鉢に土を入れていく。

根のすき間まで土が入るよう、ピンセットで土を押し込む。

Point
土はしっかり入れる
土が少ないと、苗木が安定せずに倒れやすくなってしまいます。最初は、まわりにあふれるくらいたっぷり入れてOK。ピンセットで根と根のすき間に入るように押し込み、土を詰めていきます。

● さらに土を足して固定する

ピンセットで押してあいたところを埋めるように、また土を入れる。

ピンセットで土を押し込む。

土を入れ、ピンセットで押さえる作業を何度か繰り返し、鉢の縁よりやや低いところまで土が詰まったらやめる。

● ミズゴケを敷く

細かく刻んで水を含ませたミズゴケを少し用意する。

土の上にミズゴケを敷いていく。

Point
ミズゴケには土に"ふた"をする役割が
ミズゴケには、土の上に敷くことで、土がこぼれたり風で飛んだりするのを防ぐとともに、土の乾きを和らげる役目があります。少なすぎるとその役目を果たさず、多すぎると水をはじいてしまうので、むらなく土を覆うくらい敷くようにします。

苔を張る

苔を用意し、ピンセットで少しつまむ。

ミズゴケの上にピンセットで軽く押し込み、やさしくピンセットを抜いて苔を植えつける。

同様にあと2か所、バランスよく苔を植えつける。

水につける

水をたっぷり入れたバケツなどの容器の中に、超ミニ盆栽を静かに入れる。プクプクという気泡が出なくなるまで、10秒程度つける。

完成

苗木と土がなじみ安定するまで1週間～10日程度、半日陰に置き、毎日水を与えながらようすを見る。

まめ知識

鉢のどの位置に植えつける？

鉢の中に均等に根を張らせ、超ミニ盆栽を長もちさせるためには、鉢の中央に植えつけるのがおすすめです。でも、幹を斜めにするなど樹形を自分のイメージどおりにつくっていくのも盆栽の楽しさのひとつ。幹を斜めにしたいときは、鉢の端に植えるようにします。超ミニ盆栽づくりに慣れてきたら、できあがりをイメージして、いろいろな植え方にチャレンジしてみましょう。

幹を斜めにしたいときは、根元が鉢の端にくるように植える。

ハクウンボク

クネクネ超ミニ盆栽をつくる

「クネクネ超ミニ盆栽」は、竹串に幹を巻きつけて幹をクネクネと曲げたもの。
本格的な盆栽では、針金をかけ何年もかけて樹形をととのえますが、
超ミニ盆栽では、短期間でその醍醐味が味わえます。

コトネアスター（左）とモミジ（右）

アケビ（木通）

アラカシ（粗樫）

用意するもの
・苗木　・鉢
・土　・ミズゴケ　・苔

必要な道具
・ピンセット
・竹串
・針金（太さ0.8mmのアルミ線）
・針金切り
・小さいスプーン
　（鉢に土を入れるときに使う）
・バケツ
　（水がたっぷり入るもの）

> **まめ知識**
>
> #### クネクネ超ミニ盆栽に向く素材
> クネクネ超ミニ盆栽は、幹を竹串に巻きつけクネクネ曲がった樹形をつくります。つくる時点で、まだ若く、幹がひょろひょろと長い苗木を選びましょう。ここでは、ヒトツバタゴの二年生の苗木を使用。そのほか、モミジ、クロマツなどもおすすめです。
>
> #### 針金は細くてやわらかいものを
> 超ミニ盆栽づくりには、細い幹を傷めずきれいに巻けるよう、針金は細くやわらかいものを使います。おすすめは0.8mmのアルミ線。高価なものではありませんが、少量で扱っているところは少なく、入手しにくいかもしれません。ミニ盆栽を扱う園芸店などで探してみましょう。

● 苗木と竹串を用意する

苗木の幹に竹串を当ててみて、できあがりの樹形をイメージする。

Point 巻き方は自分の好みで
巻き始め・終わりの位置は好みでOK！　巻きつけ回数を少なくしたり、多くしたり、また竹串を斜めにしたりすることで、p.30の写真のように、いろいろな樹形ができあがります。

苗木は枯れた葉や余分な葉を取り除き、状態をととのえておく。

● 巻き始めを針金で固定する

クネクネと巻き始めたい下の部分に竹串の端を添える。

針金を3周ほど巻き、幹と竹串を固定する。

針金を巻いて固定したところ。針金切りで余分な針金を切る。

● 幹を竹串に巻きつける

針金で固定した部分から上に向かって、幹を竹串に巻く。

幹が折れたり傷んだりしないよう、やさしく巻きつけていく。

Point
適度にきつく巻きつける

きれいなクネクネを出すためには、巻きつけるピッチを短く、少しきつめに巻きつけるとよいでしょう。

● さらに巻いていく

できあがりの形をイメージしながら、さらに幹を巻きつけていく。

3周巻いたところ。ここでは、これで巻き終わりに。

クネクネ

● 巻き終わりを固定する

巻き終わりに針金を3周ほど巻き、幹と竹串を固定する。

針金切りで余分な針金を切る。

幹を竹串に巻き終わったところ。この状態で鉢に植える。

● 植えつける

苗木と鉢を合わせ、バランスを見ながら正面を決める。

鉢の中に土を入れ、苗木を植える。

> **Point**
> **植え方は「きほん」と同様に！**
> 苗木を植え、ミズゴケを敷き、苔を張って、最後に水につける、という工程は、どんな超ミニ盆栽をつくるときでもほぼ同じ！ p.27～29の「きほん」を覚えておきましょう。

苗木が固定されぐらつかなくなるまで、土を入れる。

● ミズゴケを敷く

細かく刻んで水を含ませたミズゴケを、土の上に敷く。

> **まめ知識**
> **針金や竹串はいつ、どうやってはずせばよい？**
> 竹串に巻いた幹は、約1年で少し太く硬くなり、クネクネとしたくせがつきます。このまま針金で留めておくと成長していく過程で幹に傷がついてしまうので、1年たったら針金を取りはずすようにしましょう。
> はずすときは、針金を針金切りで切ってはずし、竹串をスッと引き抜きます。

● 苔を張る

ミズゴケの上に3か所、ピンセットで苔を植えつける。

● 完成

バケツに汲んだ水に鉢ごとつけたあと、苗木と土がなじみ安定するまで1週間～10日程度、半日陰に置き、ようすを見る。

つくる
アレンジ

マキマキ超ミニ盆栽をつくる

「マキマキ超ミニ盆栽」は、幹をぐるっと巻いて
小さなクリスマスリースのように輪にしたもの。
身近なつる性の樹木で手軽につくることができます。

ヒメイタビ（二年生）

ヒメイタビ（三年生）

ヒメイタビ（一年生）

用意するもの
・つる性の樹木（長さ30cm程度） ・鉢　・土 ・ミズゴケ　・苔

必要な道具
・ハサミ ・ピンセット ・針金（太さ0.8mmのアルミ線） ・針金切り ・小さいスプーン 　（鉢に土を入れるときに使う） ・バケツ 　（水がたっぷり入るもの）

まめ知識

マキマキ超ミニ盆栽に向く素材

家の壁面や塀に張りついているような、つる性の植物が向いています。つる性の植物は茎から根を生やすので茎のどの部分を土に植えても根づきます。また、もともと根が生えているので採ってそのまま使うことができ、挿し木などで増やす必要がありません。

ここではヒメイタビを使用。ほかに、観葉植物やガーデニング植物としてもおなじみのアイビーやツルマサキなどでも同じようにつくれます。

曲げても折れないほどに、幹がやわらかくしなるものを選ぶ。

● 始点を決める

どの部分を見せるか、輪の大きさをどれくらいにするかをイメージする。

1周巻いてみて、形のバランスのよいところで始点を決める。

マキマキ

● 巻き始めを針金で固定する

始点に針金を3周ほど巻き、針金切りで余分な針金を切る。

つるを1周巻いたところ。下のほうの余分な葉は取り除く。

Point
始点の部分は最終的に土の中へ

始点の部分は針金で留め、最終的には鉢の底にくるように植えます。土の上に見えるのは輪の上半分。そのつもりで、全体のバランスを見ながら形をつくっていきましょう。

● つるを巻いていく

つるをていねいに巻いていく。

2周、3周と巻いていく。

途中、つるがばらけてしまうようなら、針金で2、3か所留めて固定する。

● 巻き終わりを固定する

3周巻いたら、巻き終わりを針金で留め、余った枝を切る。

> **Point**
> **巻き終わりは始点とほぼ同じ位置に**
> 始点と同じように、巻き終わりも鉢の底にくるようにします。
> 輪の下半分の余分な葉は、取り除いておきましょう。

針金切りで余分な針金を切り、植える素材が完成。

● 鉢に合わせてみる

つると鉢の雰囲気が合うか、植えたときに格好がよいかを確認する。

実際につるを鉢に入れてみて、バランスがよいかも確認する。

> **Point**
> **鉢は深めのものを選ぼう**
> ここで使用している鉢は、マキマキ超ミニ盆栽用に平たい形に手づくりしたものですが、角型や丸型のふつうの鉢でも構いません。ポイントは、深さのある鉢を選ぶこと。巻いたつるの下半分がしっかり土の中に入るものを使いましょう。

植えつける

鉢の中に土を薄く敷く。

巻いたつるを入れる。

土を入れる。

ピンセットで土を押し込み、鉢の縁よりやや低いところまで土が詰まったらやめる。

> **Point**
> **植え方は「きほん」と同様に！**
> 苗木を植え、ミズゴケを敷き、苔を張って、最後に水につける、という工程は、どんな超ミニ盆栽をつくるときでもほぼ同じ！ p.27～29の「きほん」を覚えておきましょう。

ミズゴケを敷く

細かく刻んで水を含ませたミズゴケを、土の上に敷く。

苔を張る

ミズゴケの上に3か所、ピンセットで苔を植えつける。

完成

水につけ、苗木と土がなじみ安定するまで1週間～10日程度、半日陰に置き、ようすを見る。

つくる
アレンジ

種子見せ超ミニ盆栽をつくる

ここでは、どんぐりなどの実生苗(みしょうなえ)の種子部分を土より上に出し、
樹形の一部として見せるものを「種子見せ」と名づけました。
超ミニ盆栽ならではの、ユニークな形の盆栽です。

ヒトツバタゴ（一つ葉タゴ）

アラカシ（粗樫）

アベマキ

用意するもの
- 種子がついたままの実生苗（→ p.24）
- 鉢　・土
- ミズゴケ　・苔

必要な道具
- ハサミ
- ピンセット
- 針金（太さ 1.0mmのアルミ線）
- 針金切り
- 小さいスプーン
  （鉢に土を入れるときに使う）
- バケツ
  （水がたっぷり入るもの）

> **まめ知識**
>
> ## 盆栽の世界で人気の「根上がり盆栽」
>
> ここでつくる超ミニ盆栽は、種子を見せると同時に「根上がり盆栽」でもあります。「根上がり」とは、木の根が地面より上に出ている状態のこと。海岸や崖の斜面などで風雨にさらされた樹木に見られる状態で、これを盆栽に当てはめたものが「根上がり盆栽」です。クネクネと曲がった根を土より上に出して幹のように見せることで、樹形の変化が楽しめます。

曲がりくねった部分は、もともとは根。根上がりにすることでおもしろい形ができる。

● 根上がりの始点を決める

実生苗をよく観察し、根上がりの始点（土より上に出す部分と中に入れる部分の境目）を決める。

始点と決めたところに、針金を巻きつける。

> **Point**
>
> **始点より下の針金は長めに残しておく**
>
> 針金は、樹木を鉢に固定するときに使うので、長めに残しておくようにしましょう。

● 根に針金を巻いていく

根に針金を巻きつける。

巻きつけた針金ごと根を曲げながら、形をつくっていく。

種子見せ

● 幹に針金を巻いていく

根と同様に、種子より上の幹にも針金を巻きつける。

葉の少し下あたりで巻くのをやめる。

巻き終わりの針金を留め、針金切りで余分な針金を切る。

● 形をととのえる

根と幹に針金を巻き終えたところ。

針金ごと根と幹を曲げ、樹形をととのえる。

> **Point**
> **形づくりはセンス！**
> 曲げ方は自由。ただし、重心がはずれると鉢が倒れやすくなるので、バランスを見ながら曲げていきましょう。

● 鉢に入れる

形をととのえ終わった実生苗。巻き始めのときに残しておいた針金から、鉢に入れていく。

針金を鉢の底の穴に通す。

針金を通したところ。苗木と鉢のバランスを確認する。

針金で鉢に固定する

鉢の底から出した針金を鉢に巻きつける。

樹形をととのえた実生苗が動かないように、鉢で固定する。

針金切りで余分な針金を切る。

植えつける

土を入れ、ピンセットで土を押し込み、鉢の縁よりやや低いところまで土が詰まったらやめる。

ミズゴケを敷く

細かく刻んで水を含ませたミズゴケを、土の上に敷く。

苔を張る

ミズゴケの上に3か所、ピンセットで苔を植えつける。

完成

水につけ、苗木と土がなじみ安定するまで1週間〜10日程度、半日陰に置き、ようすを見る。

まめ知識

根の部分の乾燥に注意

根はもともと土の中にあるもので、幹よりも乾きやすいので水の管理に注意しましょう。乾燥しやすい時期は、ビニール袋に入れて密閉する方法が安心です。

水やりをした超ミニ盆栽をビニール袋に入れ、密閉して涼しい場所に置く。

2〜3日したら袋の口をあけてしばらく置き、蒸れを逃がす。

column

いろいろなアレンジを楽しもう

Part2で紹介した「クネクネ」「マキマキ」「種子見せ」は、
どれも超ミニ盆栽ならではのつくり方。
超ミニ盆栽だからこそできるアレンジを存分に楽しみましょう！

食べた果物の種でつくってもOK!?

伝統的な盆栽の醍醐味を手軽に味わえるのは超ミニ盆栽の魅力。その一方で、超ミニ盆栽は新しい盆栽の楽しみ方で、とくに決まり事がなく、本来の盆栽ではタブーとされるようなことに挑戦できるのもおもしろいところです。

たとえば、超ミニ盆栽づくりでは自分で種から苗を育てるのがひとつの方法です。種はわざわざ購入する必要はなく、試しに料理で使ったアボカドやマンゴーなどの種を使ってみても。どんな芽が出てくるのか、ちゃんと育つのかわからないかもしれませんが、そんな試みを楽しめるのも超ミニ盆栽ならではなのです。小さな鉢の中に、自分が「素敵だな」と思うオリジナルな世界をつくってみてください。

超ミニ盆栽アレンジ①

いろいろ寄せ植え

伝統的な盆栽では、同じ種類の木を植えるのが寄せ植えの決まりですが、ここでは、いろいろな樹木が茂る林のようなイメージで違う種類を植え、全体の見栄えに変化をつけました。

左手前はネムノキの一年生、右奥はヒノキの二年生。

超ミニ盆栽アレンジ②

松ぼっくりをアクセントに

実生苗のための種子をとることができる松ぼっくりですが、ここでは苗木用としてだけでなく飾りにも使用。マツの苗木を鉢の端に植え、松ぼっくりを大胆に植え込みました。

時間がたつにつれて松ぼっくりの風合いが増し、それもまた風流です。

Part 3

超ミニ盆栽の手入れ

超ミニ盆栽を育てていくときに

もっとも注意したいのは、水の管理。

さらに、枝の手入れや植え替えをすれば、

1年、2年と長もちし、

成長していくようすや変化が楽しめます。

管理のポイントをしっかり押さえておきましょう。

フイリツルマサキ
（斑入り蔓柾）

ツメレンゲ（爪蓮華）

モミジ

日頃の管理のきほん

超ミニ盆栽を長く元気に育てていくためには、毎日の水やりのほか、
定期的に肥料を与え、消毒・殺虫をする必要があります。
盆栽の変化を知るためにも、ときどき手にとってよく観察するようにしましょう。

日が当たり風通しのよい場所に置く

　超ミニ盆栽は、飾るとき以外は屋外で管理するのがきほんです。小さくてスペースをとらないので、庭はもちろん、ベランダで育てることも可能です。

　丈夫に育てるためには、春と秋に1日2〜3時間は日の光と風に当てるようにします。条件に合う場所がないと思っても、くふう次第で改善できることもあります。自分に合った方法で環境をととのえましょう。

置き場所のポイント

日当たりと風通しを確保する
棚の上に間隔をあけて並べると、日がまんべんなく当たり、風通しもよくなります。本格的な棚がなくても、ブロックを積んだ上に板を渡して棚にしたり、木箱を置いたりすればOK。盆栽を置く部分を木製にすることで、金属やコンクリートよりも暑さ・寒さを和らげることができます。

地面に直接置かないようにする
直接置くと、害虫が侵入したり泥はねによって病気に感染したりすることがあります。とくにコンクリートの上に直置きすると、反射熱で盆栽を傷めてしまうので注意しましょう。

季節や植物の種類に合わせて管理方法をくふうする

　超ミニ盆栽は鉢が小さくて土の量が少ないので、より繊細な注意が必要です。とくに気をつけたいのは夏と冬。夏の日差しや暑さから盆栽を守ることを「夏越し」といって、日よけで直射日光をさえぎるなどのくふうが必要。一方、冬の寒さから守ることを「冬越し」といって、夜、ビニールシートをかけるなどして寒さを防ぐようにします。

　また、植物の種類によっても管理の方法が少し変わってきます。植物には、日陰を好むもの、乾燥を好むものなどいろいろな特性があります。ここでは、それぞれの植物の特性については触れませんが、育てる植物についてもっとよく知るために、園芸書などで調べてみるとよいでしょう。

春　春は日差しがやわらかく、育てやすい季節。基本的には屋外の日当たりのよい場所に置き、日照不足にならないようにしましょう。新芽が出始める季節ですが、新芽はとてもデリケート。風で倒れて傷んだりしないよう、風が当たりにくい壁面の近くに置くなどくふうが必要です。

夏　夏は暑さにより土が乾き「水切れ」を起こしやすくなります。葉がぐったりしていたら水切れの可能性大。1日2回、しっかり水やりをするようにしましょう。また、風通しのよい場所に置き、直射日光が当たらないようにすることも大切。寒冷紗などで日よけをするのが有効です。

秋　秋は春と同様に育てやすい季節。日光によく当てるようにします。とくに雑木類（→p.69）は、冬に向けて落葉し休眠期に入るので、養分を蓄えておきたい時期。肥料を与え、寒さ対策の準備も始めましょう。

冬　冬は霜や凍結に注意。超ミニ盆栽は小さくて華奢なので、霜が当たって細い枝が枯れたり、鉢の中の土が凍って根が傷んだりすることがあります。ビニールシートをかけたり、発泡スチロールの箱に入れたりして寒さを防ぎましょう。置き場所を軒下へ移動するなどのくふうも必要です。

水やり

超ミニ盆栽は土が少ししかないので、保水力が低く、すぐに乾いてしまいます。水やりは、手入れのなかでもっとも大切です。

●水やりをするときはたっぷりと

鉢の中の土に含まれる水分は、少なすぎても多すぎてもよくありません。水分が少ないと盆栽はしっかり成長できず、一方、多すぎると鉢底の根がずっと水につかったままとなり、根腐れしてしまいます。

水やりは季節によって回数を調整します。初夏～夏は1日2回、春や秋は1日1回、冬は3日に1回がめやすです。屋外で育てている人はジョウロで水やりをします。ベランダなどジョウロで水をやりにくい環境の場合は、汲み置きした水につけるようにしましょう。

いずれにしても、水やりをするときは、底穴からポタポタと水が流れるくらい、たっぷりと与えることがポイント。鉢の中で、水を流下させることが大切です。1回に与える水の量ではなく、水を与える回数で保水量を適切にするようにしましょう。

●苔は水分管理のバロメーター

盆栽に苔を植えるのは美観的な理由もありますが、水の管理がうまくいっているかのバロメーターになるということもあります。苔は、水をやらなくてもやりすぎても変色して枯れてしまいます。反対に、適切に水を与えたうえで日に当て、風通しのよいところで育てれば、青々と元気に茂ります。苔がうまく育てば、水の管理がうまくいっている証拠なのです。

苔は盆栽の見た目をよくするだけでなく、水分管理のバロメーターになります。

ジョウロで水を注ぐ

屋外で盆栽を育てている場合は、ジョウロで水を与えましょう。いっぺんにたくさんの水をかけるのではなく、シャワー状の水を少しずつ、まんべんなくかけるようにします。ひととおり水をかけたら少し間をおき、3回程度に分けてたっぷりの水を与えます。

汲み置いた水につける

ベランダなど狭いスペースで育てていて、ジョウロでは水をやりにくいときは、容器に汲み置いた水につけるとよいでしょう。鉢全体が水につかるまで静かに沈めると、プクプクと空気の泡が出てきます。この泡が出なくなるまで水につけましょう。

施肥

鉢の中では植物が育つための養分が限られているため、施肥が必要です。液体肥料は月に2回、固形肥料は年に2回をめやすに与えます。

●液体肥料と固形肥料を使い分ける

肥料には液体肥料と固形肥料があります。液体肥料は化成肥料を水に溶かしたもので、即効性があります。持続期間が短いので、薄めのものを頻繁に与えるようにします。成長期には月に2回、施肥しましょう。一方、固形肥料は油かすや骨粉でできていて、持続性が期待できます。年2回、春（5月頃）と秋（9月頃）に与えましょう。

土の中の養分がなくなると、葉の色が薄くなったり、芽がなかなか伸びなくなったりします。日頃から、盆栽のようすをよく見て、変化を見のがさないようにしましょう。

固形肥料の与え方

超ミニ盆栽には野菜用や山野草用などの小粒のものが向いています。

液体肥料の与え方

液体肥料は表示にある規定量に薄めて使います。

油さしに入れてできるだけ足元にかかるように与えます。

固形肥料を手の上に少し出し、1粒ピンセットでつまみます。

ミズゴケにピンセットで穴をあけ、肥料をピンセットで押し込みます。1鉢に2か所ぐらい与えます。

消毒・殺虫

超ミニ盆栽はとても小さいので、病害虫が発生するとふつうの盆栽以上に被害が大きくなってしまいます。予防をしっかりしましょう。

●日当たりと風通しがよい場所で丈夫に育てる

病害虫の予防のためには、盆栽を丈夫に育てることがいちばん。日が当たり、風通しのよい盆栽の成育に適した環境のもとで、適切な水やりや施肥をし、元気に育てましょう。病気や害虫を持ち込まないことも大事。苗木を植えるときは害虫がつきやすい葉の裏をよく確認します。

そのうえで、消毒・殺虫をしましょう。消毒・殺虫は、成長期の病害虫を防ぐために、定期的（月1回）に行って予防します。

消毒・殺虫のしかた

左から展着剤（樹木や病害虫にむらなく付着させるために、薬剤に混ぜる）、殺虫剤（害虫を駆除する）、殺菌剤（微生物を殺す）。

3種類を混ぜて、ハンドスプレーで吹きかけます。

おもな病害虫と対処法

病害虫名	症状	対処法
うどんこ病	葉の裏に、うどん粉をまぶしたような白いカビが生える。	日当たりと風通しのよい場所に置くことで予防できる。発生したら、うどんこ病の薬剤の希釈液を散布する。
すす病	枝や葉、幹の表面が、すすをかぶったように黒くなる。アブラムシなどの害虫の排泄物に寄生するカビが原因。	薬剤を散布して害虫を駆除することで、この病気も防ぐことができる。
斑点病	葉に小さな褐色の斑点ができ、次第に葉の色が変色する。おもにカビが原因。	発生したら、斑点ができた葉を取り除き、薬剤の希釈液を散布する。
アブラムシ	雑木類の新芽をはじめあらゆるところに発生し、樹液を吸って植物の成長を阻害する。	発生したらブラシで軽く払い、薬剤の希釈液を散布する。
ハダニ類	葉の裏に発生して汁を吸う。ハダニがつくと葉の表側に白い斑点ができたり、葉の色が悪くなったりする。	高温で乾いた環境を好むので、葉の裏に水をかけ、洗い流す。発生したら薬剤の希釈液を散布する。
カイガラムシ	樹皮や茎などについて、汁を吸う。	発生したらブラシで軽く払い、薬剤の希釈液を散布する。

枝の管理

樹木の成育をよくし、また樹形を保つために、伸びすぎた枝の一部を切り取る作業をします。これを「剪定(せんてい)」といいます。

●つくりたい樹形をイメージしながら枝を整理する

剪定の目的のひとつは樹木を健康に育てるため。大きくなりすぎた枝やむだな枝を取り除き、日がまんべんなく当たり風通しがよくなるようにすることで、樹木を成長しやすくし、病害虫の発生や被害を防ぎます。

一方で、全体の姿や大きさを保つという目的もあります。どんな形を保ちたいかをイメージし、そこから飛び出す枝を取り除いて形をととのえます。また、剪定は花を咲かせたり、実をつけさせたりするためにも重要な作業です。

剪定を行う時期は樹種によっても異なりますが、一般的に、雑木類(ぞうき)は新芽が出る前の春先、松柏類(しょうはく)は晩秋から早春、花ものは花が咲いたあとが適期です。また成長に合わせて行うので、伸びすぎた枝はその都度剪定します。

> **まめ知識**
>
> ### こんな枝は取り除こう
>
> 剪定をするうえで、樹形の美しさを損なうため取り除いたほうがよい枝を「忌み枝(い)」といいます。忌み枝には以下のようなものがあります。
>
> ●**逆さ枝**
> 全体の枝の流れと逆方向に伸びている。
> ●**絡み枝**
> ほかの枝に絡むように伸びている。
> ●**徒長枝(飛び枝)**
> 全体の形から飛び出すように、ほかの枝と比べて勢いよく伸びている。
> ●**平行枝(重なり枝)**
> 複数の枝が同じ方向に伸びている。
> ●**車枝**
> 1か所から枝が放射状に伸びている。

剪定のしかた

将来、どんな形にしていきたいかをイメージしながら、伸びすぎている枝、余分な枝をチェックします。

伸ばしたいひと枝を残して、ほかの枝を剪定バサミで枝が出ている元の部分から切り取ります。

剪定を終えすっきりとした超ミニ盆栽と、切り取った枝。切り取った枝は、挿し穂として使えるので、苗木として育てるとよいでしょう。

花を咲かせるには

日頃の手入れで樹木を丈夫に育て花芽をつけさせる

　花を咲かせるためには、それぞれの樹木の花芽のつき方を知っておき、花芽分化をさせることです。花芽分化のためには、十分な日照や施肥で樹木に力をつけることが大切です。まずは日頃の手入れをきちんとするようにしましょう。

　花芽は夏に分化するものが多いので、初夏以降は枝を切らないようにします。初夏以降に伸びた枝には花芽がつきません。また、花芽をつけるために樹木は葉から養分を吸収するので、病害虫の被害にも気をつけます。

　翌年も花を咲かせたいときには、結実する前に花殻を摘み取る「花殻取り」をします。花を咲かせたあとは樹木が疲れているので、しっかり水を与え施肥をしましょう。

花が咲いたカイドウ。その他おすすめの花ものには、サクラ、ウメ、レンギョウなどがあります。

実をつけさせるには

花が咲いたら水をかけずに結実させる

　実をつけさせるためには、花芽を着生させ、結実させる必要があります。花を咲かせるときと同様、まずは日頃の手入れで樹木を元気に育てるように心がけましょう。

　実をつけさせる場合、花が咲いたら受粉を妨げないように花に水をかけないようにします。水は樹木の根元にかけるようにしましょう。実をつける条件は樹木の種類によって違い、ひとつの花に雄しべと雌しべがあり、開花し受粉すれば実がなるもの（ピラカンサ、カイドウなど）、雄花と雌花が別の木に咲くため、雄木と雌木が必要なもの（マユミなど）などがあります。

　実がなり、ある程度楽しんだら、樹木への負担を減らすために早めに実を切り取ります。

実をつけたカイドウ。その他おすすめの実ものには、ヒメリンゴ、ピラカンサなどがあります。

植え替え

剪定で枝を整理するのと同様に根も整理します。植え替えは、樹木の健康を保ち長く育てていくために必要な作業です。

●鉢の中を一新し発根を促す

盆栽は、育てているうちに鉢の中いっぱいに根が成長します。そのままでは酸欠状態になり根がそれ以上伸びなくなってしまうため、いったん鉢から出し、根の手入れと土の交換をします。

植え替え時には、樹木を土ごといったん鉢から出し、伸びすぎた根や不要な根を切るとともに、土を新しいものに入れ替えます。これは、時間がたつと土の粒子がつぶれてドロドロになり、水や空気を通しにくくなってしまうため。また、植物が成長し続けるためには「窒素」「リン酸」「カリ」と、それ以外にも微量要素が不可欠ですが、もともと土に含まれていたこれらの要素は使われ、次第になくなります。これらの要素を補給するためにも土を新しくします。

●植え替えのタイミングは樹木が活性化する前の3月が適期

植え替えの適期は樹木の種類によって異なりますが、春、新芽を出し樹木が活性化する前の3月頃が一般的。真夏や真冬など気候が厳しい時期よりも、春や秋といった気候が穏やかなときが向いています。バラやボケなどは春に植え替えを行うと根を傷めて花がきれいに咲かないので、秋に植え替えをすることがあります。

植え替え時には、根を整理することによって水を吸い上げる細かい根が減り、吸水力が落ちてしまいます。乾く前に早目にたっぷりと水を与えるようにしましょう。

> **まめ知識**
>
> ### 苗木を育てるときも植え替えが必要
>
> 超ミニ盆栽に仕立てたものの植え替えと同様に、苗木として育てているものも、1年に1回植え替えが必要です。植え替えのしかたは超ミニ盆栽と同じ。根の整理と土の更新をしましょう。
>
>
>
> 苗を土ごと鉢から出して、植え替えをします。

水の浸透が悪くなったら鉢の中で根が密集している証拠。植え替えが必要です。

植え替えの方法

①鉢から土ごと超ミニ盆栽を抜き、苔、ミズゴケを取り除く。
②ピンセットで周囲の土をていねいにほぐす。超ミニ盆栽の場合は古い土は全部ほぐして新しい土に替えます。
③ハサミで周囲の根を切る。切り取る量は、元の根の3分の1程度がめやす。
④あとは、超ミニ盆栽づくりのきほん（p.26～29）と同じ要領で、鉢に新しい土を入れ、植えつけ、土をミズゴケで覆って苔を張る。

日頃の手入れをきちんとすることで盆栽を長く楽しめる

　超ミニ盆栽は、毎日の水やりや定期的な施肥、病害虫の予防をすることで、小さくても元気に育っていきます。そして、植え替えをすることで、小さな鉢の中でも何年も生きていくことができます。手をかけてこそ、長く、心なごませる姿が楽しめるのです。

　剪定で姿・形をととのえ、大きさは変わらなくても、時間を経るごとに盆栽は変化していきます。紅葉したり、花が咲いたり、実がなったり、四季折々の変化を楽しめるだけでなく、樹形がととのい幹がしっかりとして風格が出てきたりとさまざまな変化を見せてくれます。超ミニ盆栽は、小さな鉢の中に見ることができる自然の姿。ぜひ、生活のなかに小さな自然を取り入れてみてください。

マツの超ミニ盆栽一年生

マツの超ミニ盆栽二年生

column

何日か不在にするときは

家族みんなで旅行に出かけるときや、
ひとり暮らしの人でしばらく留守にするときなどに、
どのような対処をすればよいのか、ポイントを押さえておきましょう。

乾燥を防ぐことが最大のポイント

盆栽を育てている間は気軽に旅行にもいけない……？　そんなことはありません。きちんと対処すれば、真夏で1週間、冬なら2週間程度留守にしても問題はありません。

もっとも重要なのは、鉢が乾かないようにくふうすること。鉢が乾くのは、①高温、②湿度が低い、③風通しがよい、といった条件のときなので、これらの条件がそろわないようにします。

もっとも有効なのは、ビニール袋や密閉容器を使う方法。2～3日間であれば、超ミニ盆栽をトレーに入れ、浴室や洗面所で水をかけて部屋を密閉しておけばOKです。

不在中の管理方法①

ビニール袋に入れて密閉する

水やりをした超ミニ盆栽をビニール袋に入れて密閉し、浴室、または部屋の涼しくて日の当たらない場所に置きます。とくに夏の時期は温度が高くなって蒸れないよう、涼しいところに置くようにします。

ビニール袋に入れ密閉する方法は、もっとも手軽で効果的。

不在中の管理方法②

ぬらした新聞紙とともに容器に入れて密閉する

容器に入れるときに、ぬらして軽く絞った新聞紙をいっしょに入れる方法も。超ミニ盆栽が動かないように入れれば、多少持ち歩くことも可能です。

容器にぬらした新聞紙を敷き、水やりをした超ミニ盆栽を入れる。

乾燥しないよう、ふたをして密閉する。

Part 4

超ミニ盆栽を飾って楽しむ

自分でつくり育てた超ミニ盆栽を
おしゃれなインテリアや雑貨のように
部屋に飾ってみましょう。
小さな盆栽を置くだけで、
そのスペースは心がなごみほっとする空間に。
友人をもてなすときなどにもおすすめです。

オオミベニシタン
（大実紅紫檀）

アイビー

フイリツルマサキ
（斑入りつる柾）

飾る

飾り方のポイント

超ミニ盆栽は、「つくる」「育てる」だけでなく、
飾って楽しめることも大きな魅力です。
玄関に、部屋の窓辺に、棚の上に、超ミニ盆栽を飾ってみましょう。

決まり事にとらわれず自由な発想で

盆栽の飾り方には、本来、「卓や地板と呼ばれる台にのせる」「棚に飾るときは3点、5点、7点というように奇数鉢を飾る」といった決まり事があります（→ p.66）。でも、超ミニ盆栽を飾るときには、そういった決まり事を気にする必要はありません。インテリアのひとつと考えて、自分の好きなように飾ってみましょう。

飾り方に迷ったら、小物と組み合わせてみましょう。たとえば、小皿やコースターなどを敷くだけで、超ミニ盆栽がぐっと映えるようになります。ポストカードやミニチュアの人形など、お気に入りの雑貨と並べるのもよいでしょう。自分の洋服を選ぶときのように、樹形や鉢に合わせて小物をコーディネートしてみてください。

また、仕事机のパソコン横やキッチン、洗面所など、ふだんは飾り気のない生活スペースに置いてみても。超ミニ盆栽をひとつ置くだけで、その場所が心なごむスペースに生まれ変わります。

ここに注意！　盆栽はつねに飾っておくものではない

飾ることは大きな楽しみではありますが、超ミニ盆栽を枯らすことなく長く楽しむために、気をつけたいことがあります。それは、「飾ったままにしない」ということ。

超ミニ盆栽は、ふだんは日の当たる屋外で、水の管理をしながら育てるのがきほんです。土が少ないので乾きやすく、水やりを怠るとたちまち弱ってしまいます。部屋に飾るのは1～2日程度にとどめるようにしましょう。

これは、従来の大きな盆栽の場合も同じ。盆栽は大切に育てながら、ここぞというときに飾って楽しむものなのです。

超ミニ盆栽は、ふだんは屋外で育てるのがきほん。

部屋に飾っている途中で乾きを感じたら、水を入れた容器の中に超ミニ盆栽を10秒ほどつけ、水を補給すると安心です。

小物を上手に活用する

盆栽を飾る専用の小物もありますが、
身近にあるものでも
くふう次第で素敵に飾ることができます。
コップ、敷物、小皿、コースターなど、
飾るときに使ってみましょう。

透明なコップを小さなショーケースに見立てて飾ってみました。超ミニ盆栽は小さく倒れやすいので、転倒防止にも。

紅葉が映えるよう、グリーンの敷物をコーディネート。使い込んだ風合いのある布を選んで、ナチュラルな雰囲気を出しました。

超ミニ盆栽の"ステージ"をつくる

飾る場所は、まさにその成長や姿形を見せるための晴れ舞台!
超ミニ盆栽のための"ステージ"をつくりましょう。
盆栽を引き立たせるために、
台は色柄のないシンプルなものを選ぶのがポイントです。

棚の上に白い小皿を並べ、超ミニ盆栽の置き場所に。大小、樹形の違うもの3つを選んで、全体にリズム感を出しました。

いくつかをよく見えるように飾るためには、段差をつけるのが効果的。光が差し込む窓辺に置けば、樹形がきれいに見えます。

趣のあるスツールを超ミニ盆栽の特等席に。一度飾る場所を決めると、次から好きなときにいろいろな盆栽を飾ることができ、おすすめです。

テーブルの上に"小さな島"のように白い陶器の鍋敷きを置き、超ミニ盆栽を小石といっしょに飾ってみました。

小さな世界をつくって楽しむ

ミニチュアの人形や動物、雑貨など、
小さくてかわいらしいものは、見るだけでわくわくしませんか?
いろいろなストーリーを想像しながら、
超ミニ盆栽で、小さなものならではの世界をつくってみましょう。

超ミニ盆栽と小さな動物が出会っておしゃべりをしているように配置。幹や葉が耳を傾けているように見えませんか?

飾る

木の箱、ハンカチ、紙の小箱を組み合わせてドールハウス風に。差し色として、ハンカチは赤色のものを使いました。

お気に入りの雑貨といっしょに飾る

小さくてかわいらしい超ミニ盆栽は、
雑貨のような感覚で飾ることができます。
和風テイストにも、洋風テイストにも合うので、
部屋の雰囲気に合わせてアレンジしてみましょう。

ポストカードは超ミニ盆栽といっしょに飾るのにバランスがよい大きさ。「どんな風に飾ろうかな?」と悩むのも、楽しい時間です。

飾る

食器などのコレクションを並べた飾り棚に、超ミニ盆栽をひとつ。ピンクの花がアクセントになり、目を惹きます。

日々の生活に
さりげなく取り入れる

葉が形よく茂り、
花が咲いたり実が色づいたりと
盆栽がいちばんの見頃を迎えたときは、
ぜひ、そばに置いて楽しみましょう。
日常の生活空間が、
ちょっと特別な空間に変わります。

生活雑貨が並ぶキッチンや洗面所に、超ミニ盆栽をさりげなく飾って生活空間に彩りを。小さくても存在感が光ります。

本棚の上に樹形をととのえた超ミニ盆栽を置いてみました。観葉植物や切花もいいけれど、超ミニ盆栽ならもっと風流です。

部屋に飾るときには、受け皿として小皿が大活躍。超ミニ盆栽を
いろいろな小皿にのせて、部屋のあちこちに飾ってみては。

飾る

パソコンの横に飾れば、作業中にふと目に入り気分がリラックス。箱などで飾り台をつくると、うっかり倒してしまうこともありません。

部屋の中のなごみスポットに

忙しいときや焦っているときほど、
ちょっとしたことが心を落ち着かせてくれるきっかけに。
小さな盆栽が部屋の中にあるだけで、
その場の雰囲気をなごませてくれます。

飾る

植物の写真のカレンダーとコラボレーション。鉢の色柄や樹形のバリエーションが豊かで、おもしろい空間ができあがりました。

column

本格的に飾ってみよう

伝統的な盆栽の飾り方には、決まり事があります。
ここでは、盆栽専用の道具を使った
少し本格的な超ミニ盆栽の飾り方を紹介します。

床の間や棚の上に
卓などの道具を使って飾る

　盆栽には大きく分けて2種類の飾り方があります。ひとつは「床飾り」で、床の間に飾るもの。「主木(しゅぼく)」と呼ばれるいわゆる主役の盆栽に、「添え」を加えて2点で飾るのが一般的で、そのほか、掛け軸と組み合わせることもあります。

　もうひとつは「棚飾り」で、床の間に飾り棚を置き、複数を組み合わせて飾るもの。小品盆栽はこの飾り方をする場合が多く、3点、5点、7点というように飾る木の数は奇数にする決まりです。いずれにしても、盆栽は「卓(たく)」と呼ばれる台や「地板(じいた)」と呼ばれる敷物を使って飾りつけるのがきほんです。

小さな世界のなかに
季節や自然の風景を表現する

　盆栽では、その小さな世界のなかに季節や自然の風景を表現します。たとえば、山間の風景に見立てたり、四季の移り変わりを表したりと、飾った全体でひとつの世界観をつくります。

　とくに小さな盆栽をいくつか飾る場合は、組み合わせ方や空間が大切。ただ並べるのではなく奥行きや高さを出すことで風流で品格のある世界ができあがります。

　超ミニ盆栽は、現代風に自由に飾ることができるのが魅力ですが、伝統的な方法を取り入れて飾ってみると、また違った楽しみ方ができます。

伝統的な飾り方例

卓や地板を使って本格的に

　中央奥の台が「卓」、手前で下に敷いているものが「地板」、超ミニ盆栽を複数飾っている棚が「飾(しょく)」。これらの道具は大きな盆栽を飾るときのものが多く出回っていますが、ミニ盆栽用、まめ盆栽用として探せば見つかるでしょう。7つの盆栽を並べ、左から春、夏、秋、冬の四季を表現しています。

幹がまっすぐに伸びているもの、傾いているもの、葉の茂り具合など、全体のバランスを見ながら飾るのがポイント。

Part 5

いろいろな超ミニ盆栽

超ミニ盆栽は、
小さくても本格的な盆栽と同じように、
さまざまな樹種や樹形を楽しむことができます。
ここでは、もっと盆栽について知り
その魅力を堪能するために、
盆栽の樹種や樹形のきほんの内容をおさらいします。

ゴヨウマツ（五葉松）

セイヨウカマツカ（西洋鎌柄）

アメリカザイフリボク（アメリカ采振木）

もっと楽しむ 盆栽の種類

ひとことで「盆栽」といっても、その樹種はいろいろ。
樹種についてそれぞれの特徴を知り、知識を深めていくことで、
盆栽を思いどおりに育てやすくなります。

大きく4種類に分けられる

盆栽は、樹種によって大きくは「松柏類」「雑木類」「花もの」「実もの」の4つに分けられます。一般的に"盆栽"としてイメージされるマツなどは「松柏類」。松柏類以外の樹木は「雑木類」。そのほか、花を楽しむ「花もの」や実を楽しむ「実もの」もあります。

大品・中品・小品盆栽の場合、多くは盆栽店などでこれらを選んで購入し、育てていくことになりますが、超ミニ盆栽の場合は、種子から育てたり挿し木で増やしたりして、小さな苗木を自分で用意するのが一般的な盆栽と違うところです。

樹種① 松柏類

盆栽の代表ともいえる針葉樹類

マツ、スギ、シンパクなどの常緑針葉樹。樹形をつくるときにある程度のテクニックが必要なため、中・上級者向けといわれますが、「盆栽といえばこれ！」といったイメージで、その格式の高さが魅力的。生命力があり、長く育てられることも特徴です。
超ミニ盆栽の場合、松ぼっくりから種子を採取して苗を育てます。

松柏類の代表
アカマツ、クロマツ、ゴヨウマツ、スギ、ヒノキ、シンパク

ゴヨウマツ（五葉松）

樹種② 雑木類

松柏類以外の落葉樹など

松柏類以外は雑木類としてまとめられます。おもに落葉樹で、春の芽吹き、初夏の新緑、秋の紅葉、冬の落葉というように、樹形や葉の色の変化を楽しめるのが魅力。さまざまな樹形をつくりやすく、育てやすいものが多いので、初心者におすすめです。

雑木類の代表
モミジ、ケヤキ、ブナ、シデ、ヒメシャラ、ツタ

トウカエデ（唐楓）

ブドウ（葡萄）

まめ知識

多年草類を盆栽に仕立てる「草もの盆栽」

樹木でつくるほかに、多年草の草花を使ったものを「草もの盆栽」といいます。草もの盆栽は、素朴でかわいらしい雰囲気が魅力。好きな草花1種類でつくってもよいし、寄せ植えにするのも素敵です。

可憐な花を咲かせるヒナソウを使った超ミニ盆栽。

樹種③ 花もの

華やかさが魅力の
花を楽しむ盆栽

　花を咲かせて楽しむもので、華やいだ雰囲気を楽しめます。花を咲かせるためには、花芽を切り落とさないように注意します。そのために、花芽ができる時期を調べておきましょう。花を咲かせると木は勢力を使い果たして疲れるので、お礼の肥料を与えて元気を回復させます。

花ものの代表
ウメ、サクラ、カイドウ、
ウツギ、ツバキ

カイドウ（海棠）

ミツバウツギ（三葉空木）　　　ウグイスカグラ（鶯神楽）

樹種④ 実もの

もっと楽しむ

サンザシ（山査子）

ピラカンサ（橘もどき）

オオミベニシタン（大実紅紫檀）

秋の風情が感じられる
実を鑑賞する盆栽

　実をつけさせて楽しむもので、種類が豊富です。実をつけさせるためには交配が必要です。「雌雄異花同株」「雌雄異花異株」「両性花」などがあり、それぞれ実がなる条件が違います。実が終わり弱っている木をどう手入れするかもポイントです。

> **実ものの代表**
> ピラカンサ、サンザシ、
> ヒメリンゴ、ウメモドキ

樹形の違いを楽しむ

もっと楽しむ

樹形とは、樹木の姿・形のこと。
盆栽には、長い盆栽の歴史の中で定着してきた、きほんの樹形があります。
超ミニ盆栽でも大きな盆栽と同じように樹形が楽しめます。

樹形づくりは盆栽の大きな楽しみのひとつ

　盆栽とその他の鉢植えや観葉植物との違いは、観賞用に枝や葉に手を入れること。つまり、樹形づくりは盆栽の最大の楽しみだといえます。

　樹形は、自然の樹形をお手本にしています。それを小さな鉢の中で表現するために、幹に針金かけ、枝を剪定して、時間をかけてめざす樹形をつくっていきます。

　ここで紹介する樹形は、盆栽の長い歴史のなかで多くの人に好まれ、"美しい"と定着してきたものですが、超ミニ盆栽においても同じような樹形がつくれます。むしろ、大きな盆栽であれば樹形ができ上がるまでに何年もかかりますが、超ミニ盆栽なら半年〜1年と短期間でつくることが可能。盆栽初心者でも盆栽の醍醐味である樹形づくりが堪能できるのが超ミニ盆栽なのです。

　基本的な樹形を知っておくと、自分のめざす樹形がイメージしやすくなります。盆栽展などに足を運んで実際に観察してみるとよいでしょう。

樹形① 直幹（ちょっかん）

シシガシラモミジ（獅子頭もみじ）

盆栽を風景に見立てる本格的な飾り方

　1本の幹がしっかりと根を張り、上に向かってまっすぐに伸びている形です。丘の上にそびえる1本の大木のように、力強く、堂々とした印象です。

　マツやスギなどの松柏類や、雑木類であればケヤキなど、もともと幹がまっすぐに伸びる木を選び、剪定と針金かけで曲がらないように矯正していきます。上にいくにしたがって細くするのが一般的です。

直幹に向く樹種
マツ、スギ、ケヤキなど

樹形② 斜幹(しゃかん)

幹が斜めに伸びたもの

左右のいずれかに幹が傾いているものを指します。傾いた幹は、太陽に向かって伸びる自然界の樹木の姿を表現しています。

超ミニ盆栽の場合、鉢が小さく、全体のバランスが悪いと倒れやすくなるので、株元の位置を鉢の端に寄せたり、後左右に葉を茂らせたりすることで安定感を出すようにします。

斜幹に向く樹種
樹種を選ばず何でもOK

コトネアスター

ナツユキカズラ(夏雪葛)

ブルーベリー

まめ知識

針金はいつはずせばよい？

樹形をつくるときに、針金かけをしたものの、いつ、どのタイミングではずしたらよいのか、迷うこともあるでしょう。

枝の上のほうの針金をはずし、軽くさわってみてかたく、形が戻らないようであれば、形ができている証拠。針金をはずしていきましょう。

針金をずっとはずさずにかけたままにすると、枝に食い込んで痕がついてしまいます。一度ついた痕はなかなか消えないので、タイミングをのがさないようこまめにチェックするようにしましょう。

樹形③ 双幹(そうかん)

ひとつの株が
根元で2つに分かれたもの

　幹が大小2つに分かれている形です。幹のひとつは大きく、もうひとつは小さくするのがきほんで、大きいほうを「主幹」、小さいほうを「副幹」と呼びます。

　まるで寄り添う親子のような樹形です。親子が違う方向を向いていると間が抜けた印象になってしまうので、流れを同じ方向にするのがよいとされています。

双幹に向く樹種
樹種を選ばず何でもOK

ツルマサキ(蔓柾)

樹形④ 三幹(さんかん)

トウカエデ(唐楓)

株元が3つに
分かれたもの

　双幹が2つに分かれているのに対し、3つに分かれているものが「三幹」です。双幹と同じように、それぞれの大小や枝葉の量に差をつけるようにします。

　樹形をつくるときは、針金かけをして、3つの幹が同じ方向に流れるように矯正します。

三幹に向く樹種
樹種を選ばず何でもOK

樹形⑤ 株立ち（かぶだち）

ひとつの根元から複数の幹が出ているもの

　双幹、三幹に対し、幹が5本以上の奇数に分かれているものを「株立ち」といいます。いちばん太く高さのある幹を「主幹」とし、その他の幹を「支幹」と呼び、樹形をつくるときにはこのバランスがポイントとなってきます。

　多数の幹が立ち上がり、雑木林を思わせる形です。

株立ちに向く樹種
樹種を選ばず何でもOK

ヒメネコヤナギ（姫猫柳）

樹形⑥ 模様木（もようぎ）

太い幹や枝が曲がりながら伸びる

　幹や枝が前後左右に曲がり、太い幹が上にいくほど細くなっている形です。うねる幹を「曲」と呼びます。盆栽の樹形のなかでも人気が高く、王道ともいえる樹形です。

　素材のもつ自然な曲線をいかしつつ、剪定や針金による矯正で時間をかけて思いどおりの樹形に仕上げていきます。

模様木に向く樹種
モミジ、ツバキ、マツなど

ナツグミ（夏茱萸）

アベマキ

樹形⑦ 吹き流し

カングミ（寒茱萸）

一方向に流れるような形

　風になびくように、幹や枝が一方向に流れている形です。山の斜面や海沿いで強風にさらされながらも、強くしなやかに生きる樹木の生命力を表しています。

　吹き流しには幹が細い樹木が向いています。細く繊細な幹とその枝先が四方へ伸びるようすから、躍動感が感じられます。

吹き流しに向く樹種
マツ、モミジなど

オリヒメモミジ（織姫もみじ）

樹形⑧ 懸崖(けんがい)

崖から幹や枝が
せり出したような形

　幹や枝が鉢よりも下に垂れている形です。鉢の縁あたりまで垂れているものは「半懸崖(はんけんがい)」といいます。

　懸崖は、断崖絶壁で岩肌にしがみつくように強く生きる樹木の姿を表現しています。バランスが悪いと倒れやすくなるので、流れを一方向に集めずに、流れと逆側にも枝や葉を残すとよいでしょう。

懸崖に向く樹種
マツ、シンパクなど

ミヤマカイドウ（深山海棠）

樹形⑨ 寄(よ)せ植え

5本以上の木で
景色をつくる

　ひとつの鉢に複数の木を植え込んだものを指します。小さな鉢に木を寄せて植えることで、林や森のような趣になります。

　寄せ植えは、複数の大小の苗をバランスをよく根元を寄せて鉢に植えます。5本、7本というように、奇数にする決まりになっています。

寄せ植えに向く樹種
ケヤキ、ブナ、カエデ

モミジ

超ミニ盆栽用語集

ここでは、盆栽に関わる専門的な用語を集め、わかりやすく説明しています。超ミニ盆栽を楽しむうえで、わからないことが出てきたときに役立ててください。

【あ行】

忌み枝（いみえだ）
樹形の美しさを損なう不要な枝。逆さ枝、絡み枝、車枝（くるまえだ）など。切り取るか、針金をかけて矯正する。

植え替え（うえかえ）
鉢から株を取り出し、根をととのえ、新しい土で再び鉢に植えること。

液体肥料（えきたいひりょう）
化成肥料を水に溶かした液状の肥料。即効性がある。

置き肥（おきごえ）
鉢の表面に置く固形の肥料。玉肥（たまごえ）とも。

【か行】

化成肥料（かせいひりょう）
化学的に加工された肥料。

活動期（かつどうき）
花を咲かせたり実をつけたりと植物が成長し、活発に活動する時期。

株立ち（かぶだち）
盆栽の樹形のひとつ。ひとつの株から複数の幹が立ち上がっている。

寒冷紗（かんれいしゃ）
直射日光などをさえぎる目的で使われる網目状の布のこと。

休眠期（きゅうみんき）
冬など温度や湿度が植物の成長に適さない時期に、活動を休むこと。

曲（きょく）
幹や枝の曲がり方のようす。針金で矯正して形づくることを「曲づけ」という。

切り戻し（きりもどし）
樹形をととのえたり樹勢を回復させる目的で、茎や枝を芽の上で切る作業。「切り返し」ともいう。

草もの盆栽（くさものぼんさい）
多年草の草木を使った盆栽。

懸崖（けんがい）
盆栽の樹形のひとつ。崖からせり出すように幹や枝が垂れているもの。

固形肥料（こけいひりょう）
鉢の表面に置く固形の肥料。置き肥と同じ。

腰水（こしみず）
水やりの方法のひとつ。水を張った器に鉢をつけ、鉢底から土に水を吸収させる。

【さ行】

挿し木（さしき）
枝や茎を切って土に挿し、根を出させて苗木をつくる方法。挿し木から育てた苗木を「挿し木苗」という。

挿し穂（さしほ）
挿し木に使う枝のこと。

三幹（さんかん）
盆栽の樹形のひとつ。ひとつの株から3つの幹が立ち上がったもの。

斜幹（しゃかん）
盆栽の樹形のひとつ。左右のいずれかに幹が傾いているもの。

松柏類（しょうはくるい）
樹種による盆栽の分類のひとつ。マツやスギ、シンパクなどの常緑針葉樹でつくられる盆栽。

小品盆栽（しょうひんぼんさい）
大きさによる盆栽の分類のひとつ。一般的に樹高20cm以下のもの。なかでも10cm以下のものを「ミニ盆栽」「豆盆栽」などと呼ぶ。

常緑樹（じょうりょくじゅ）
常に緑の葉をつけている樹木。

剪定（せんてい）
樹木の健康を保ったり樹形をととのえたりするために、幹や枝葉を切ること。

双幹（そうかん）
盆栽の樹形のひとつ。ひとつの株から大小2本の幹になったもの。

雑木類（ぞうきるい）
樹種による盆栽の分類のひとつ。モミジ、ケヤキ、ブナなど松柏類以外の落葉樹でつくられる盆栽。

添え（そえ）
主木を引き立てるために飾る盆栽。置き物の場合もある。

【た行】

大品盆栽（だいひんぼんさい）
大きさによる盆栽の分類のひとつ。一般的に樹高60cm以上のもの。

立ち上がり（たちあがり）
株元からいちばん下の枝までの幹のようす。盆栽の見どころのひとつ。

中品盆栽（ちゅうひんぼんさい）
大きさによる盆栽の分類のひとつ。一般的に樹高20〜60cmのもの。

直幹（ちょっかん）
盆栽の樹形のひとつ。1本の幹が上に向かってまっすぐに伸びたもの。

【な行】

夏越し（なつごし）
夏の暑さから盆栽を守るためにくふうをすること。

根上がり（ねあがり）
土から出た根が、固まって幹のようになった樹形。

根腐れ（ねぐされ）
いつも水に浸った状態で根が酸欠状態になり、腐ったり傷んだりすること。

根詰まり（ねづまり）
根が成長し、鉢の中いっぱいに広がって窒息状態になること。こうなるのを防ぐために「植え替え」を行う。

【は行】

葉刈り（はがり）
葉柄（ようへい）だけ残して葉を切り取り、懐に日が当たるようにし新しい芽を吹かせる。

葉切り（はきり）
大きくなりすぎた葉や込みすぎた葉を小さく切ること。

葉すかし（はすかし）
込みすぎた葉を間引くこと。

花芽（はなめ）
のちに花となる芽。花をつくるように性質が変化することを「花芽分化」という。花芽と葉芽がある。

花もの盆栽（はなものぼんさい）
樹種による盆栽の分類のひとつ。花を咲かせて楽しむ盆栽。

葉焼け（はやけ）
直射日光が当たるなどして、葉の先端やまわりが枯れて傷むこと。

針金かけ（はりがねかけ）
幹や枝に針金をかけて、樹形をつくること。

吹き流し（ふきながし）
盆栽の樹形のひとつ。幹や枝が風に吹かれたように一方向に伸びているもの。

冬越し（ふゆごし）
冬の寒さから盆栽を守るためにくふうをすること。

【ま行】

まき床（まきどこ）
種をまくための土。

豆鉢（まめばち）
手のひらにのるほどの小さな鉢。

実生（みしょう）
植物を種子から育て発芽させること。種子から育てた苗木を「実生苗」という。

水揚げ（みずあげ）
挿し木に使う挿し穂を水につけ、十分に水を吸わせること。

水切れ（みずぎれ）
水分不足で根や株が弱ること。

水締め（みずじめ）
水をかけたり水につけたりして、土や砂を締め固めること。

実もの盆栽（みものぼんさい）
樹種による盆栽の分類のひとつ。実をつけさせて楽しむ盆栽。

芽切り（めきり）
伸びすぎた芽をハサミで切り取る作業。二番芽を促す目的で行う。

芽摘み（めつみ）
新芽が伸びる前にピンセットや指先で摘み取る作業。

模様木（もようぎ）
盆栽の樹形のひとつ。幹が曲がって模様になっている盆栽。

【や行】

寄せ植え（よせうえ）
盆栽の樹形のひとつ。5本以上の木を植え込み、林や森の景色のように仕立てたもの。

【ら行】

落葉樹（らくようじゅ）
毎年冬になると葉を落とす樹木。

【わ行】

脇芽（わきめ）
枝の脇のつけ根から出る芽。

クルミの発芽

雑貨で楽しむミニ盆栽

超ミニ盆栽のほか、自分の好きな食器や雑貨を鉢にして楽しむミニ盆栽にもチャレンジしてみませんか。盆栽には樹木の盆栽のほか、山野草などを使う「草もの盆栽」があります。ここでは、山野草はもちろん、グリーンや草花を使った、寄せ植えではない小さなアレンジや楽しみ方を「ミニ盆栽」と呼んでいます。

つくり方＆育て方

インテリアの一部としても最近人気のミニ盆栽。飾って楽しむことを前提にして。

●植える植物の選択

まず、大好きな植物を選びましょう。1年草、宿根草の草花、球根花、観葉植物、多肉植物、苔類（こけ）、矮性（わいせい）(小型)の花木など、サイズがミニならなんでもOK！

どんな植物でも大事なことは、バランスのよい、元気な苗を選ぶこと。寄せ植える場合は、同じ環境で育つ植物を組み合わせるようにしましょう。

ズラリ並んだミニ観葉。基本的にはどれも育てやすいものばかりです。

世話はかんたん、形がかわいく色もキュートなサボテンや多肉植物類。サイズもちょうどいい！

●管理する場所、飾る場所

　選んだ植物に適する環境で管理し、イコールそこが飾る場所というのが理想。どうしても飾りたい場所がよい環境ではない場合は、観賞期間を決めて、それ以外は植物の好む場所で育てることを心がけましょう。

　一般に土の量が少ないミニ盆栽は乾燥しやすく、葉が傷みやすくなるので、梅雨明けからの乾燥と直射日光には注意しましょう。

ベランダの場合、寒暖差の激しいコンクリートやタイルの上に直接置くことは避けましょう。

●容器やスタイル

　お気に入りの雑貨や食器、空き缶やちょっと欠けてしまった皿やティーカップも、みんな素敵な鉢になります。それらに寄せ植えるのか、苔玉にするのか、板づけにするのか、イメージを広げて考えましょう。

左／ガーデンショップで見つけたかわいい雑貨。右／コーヒーカップに植えた多肉植物パキフィツム。

●水やりと肥料

　いきいき元気に育てるには、正しい水やりが重要なポイント。屋外管理は1日1回水やりが基本です。苔玉はミズゴケが乾燥して白っぽくなってきたら、中まで水がいきわたるようにたっぷりと与えます。

　ミニ盆栽の肥料は、原則として元肥は施さず、成長を見ながら追肥していきます。多すぎても少なすぎても影響が出やすいので、春から初夏までと秋には月1回ずつ、容器の大きさに合わせた量を施します。

●日常の手入れ

　傷んだ葉を取り除く、花がらを摘む、草姿が乱れてきたら余分な茎や葉を取り除くなどの作業は、植物を育てるうえでの基本的な作業です。それ以外に、たとえば苔がはがれたところは、その大きさに合わせて新しい苔を補植したり、化粧石や石を置いた場合は汚れて見苦しくなる前にきれいに洗うなど、そのミニ盆栽に合わせたケアも忘れずに行いましょう。

観葉植物はときどき葉にスプレーで水をかけてやりましょう（葉水）。

固形肥料を株元に施します。容器が小さいので、多く与えすぎないように注意します。

上／苔がはがれた場合は、足りなくなった大きさの苔を用意して張りつけ、土になじませます。右／咲き終わった花はそのままにしないで早めに摘み取ります。株が弱るのを防ぎ、病害虫の予防にもなります。

同じ籐のハンギングに形も色も
違う種類のミニ観葉をアレンジ。

葉が細く、先が丸く縮れたようにな
るプテリスの葉の表情を楽しみます。

葉を楽しむ
Leaf

グリーンネックレスとサボテンの組
み合わせは、明るい太陽のイメージ。

花のように葉を広げた美しい
エケベリアを数種寄せたひと鉢。

平面に自然をそのまま切り取ってきたかのようなリンドウとササメユリの佇まい。

花を楽しむ *Flower*

凛としたコチョウランの花姿は、むだのない高貴な美しさを醸し出します。

後方で縦に伸びるシャープな葉が、丸いナデシコの花のかわいらしさをより強調しています。

紅葉し、赤い実をつけたメギの株元に白い石と緑の苔をバランスよく配置。

樹形を楽しむ *Wood Shape*

気根が絡み合って太い幹になるガジュマルは、自然だけがつくり出す神秘さえ感じられます。

まっすぐに伸びる樹姿がおめでたいとされるミリオンバンブー。

苔玉をつくる

つくる ミニ盆栽

超ミニ盆栽と同じく、何年もかからずに、誰でも気軽に始められ、インテリアや雑貨のようにすぐに飾ることができる、簡単ミニ盆栽。ここでは、そんなミニ盆栽のひとつである、苔玉のつくり方をご紹介します。

●苔玉のきほん

ミニ盆栽のきほんとなる苔玉づくりの手順はとても簡単。土をよく練っておだんごをつくり、土を落とした植物を入れ、まわりにミズゴケをつければできあがり。

中に植える植物はなんでもOKですが、丈夫な観葉植物や多肉植物から始めるのがおすすめ。多少水やりを忘れても枯らす心配がなく、気楽につき合えます。

用意するもの
- 赤玉土
- ケト土
- 富士砂（ふじずな）
- ミズゴケ
- アイビー
- 園芸用ワイヤー
- ハサミ
- 手袋（使い捨てビニールタイプが便利）

アイビー / 赤玉土 / ミズゴケ / ケト土 / 富士砂

Point

保水性の高い土をつくる

ケト土は保水性の高い土。富士砂、ミズゴケとともに園芸店の盆栽用品売り場、資材コーナーなどで入手できます。
基本用土の配合例は、ケト土7：富士砂2：赤玉土1。

●つくり方

1 アイビーをポットから取り出し、根鉢を少しずつ手でくずしていきます。

2 ていねいに土を落とし、根鉢をくずして根だけ残した状態。

3 アイビーの株元を持ち、用意した水に根をつけて、そっと振り洗いをします。

長すぎる根は1/3〜1/4ほど切ります。古い根を切ることで新しい根を伸ばしやすくする効果があります。

ケト土、赤玉土、富士砂を容器に合わせ、赤玉土の粒がなくなるくらいまでしっかりと混ぜ合わせます。

土の状態を見て、ボソボソしているようなら少しずつ水を足し混ぜ、耳たぶくらいのかたさまで練ります。

練った土でおだんご状のものをつくって中央をあけ、根を洗ったアイビーを入れます。

根がかくれるように土を足していき、据わりがよくなるようにまとめます。

バケツに水を用意してミズゴケを浸し、ミズゴケが十分吸水したら、しっかりと水分を絞ります。

ミズゴケを広げながら、おだんごのまわりにつけていきます。ミズゴケは土の流出、乾燥を防いでくれます。

土が見えなくなるまで、できるだけ均等な厚さで覆います。

ミズゴケで全体を覆ったら、上からワイヤーで巻くようにして固定していきます。

ミズゴケがはがれたり、偏ってしまったところに足しながら、形をととのえます。

全体がきれいに固定されたら、ワイヤーの端と端をひねってほどけないように固定します。

苔玉の完成！1週間は半日陰の強風のあたらないところで管理し、ミズゴケが乾いたら水を与えます。

● さまざまなアレンジ

前ページ11のミズゴケのまわりにシート状の半日陰ゴケを張りつけていき、ワイヤーを巻いて固定します。

グリーンネックレスを苔玉(こけ)で包むように植えて、垂れ下がる草姿を楽しみます。乾燥に注意して、半日陰で育てましょう。

モスボール

気軽に苔玉アレンジを楽しむなら、市販の苔玉(モスボール)を利用するのも得策！ 植えたい植物をまん中の穴に差し込めばできあがりです。

左/ソフトな素材のワイヤーを自由に丸めてつくったリースに苔玉を差し込んで。右/セダム類を苔玉に植え、ワイヤーバスケットに入れてハンギングとして楽しみます。

●ミズゴケの板づけ

　板などの平面に植物を植えることを「板づけ」といいます。チキンネットを利用すれば、ミズゴケを簡単に支えられ、自由なアレンジが楽しめます。

　チキンネットの代わりに扱いやすいステンレスやアルミの金網を使ってもOKです。

用意するもの
- ミズゴケ
- セローム
- クロトン
- ハサミ
- ピレア
- 竹製の盆
- チキンネット
- タッカー

●植えつけ方

1

苗をすべてポットから取り出し、根を傷めないように注意しながら、根鉢をくずして土を水で洗い流します。ピレアは植えつけしやすいように株分けしておきます。

2

長い根は切って、新しい根が出やすいようにしておきます。

3

バケツに水を用意してミズゴケを浸し、ミズゴケが十分吸水したら、しっかりと水分を絞ります。

4

根の乾燥を防ぐため、根のまわりをミズゴケでしっかりとくるみます。

5

竹製の盆にチキンネットをセットし、ミズゴケで根をくるんだ苗をバランスよく入れます。

6

タッカーまたは針金でチキンネットを盆に固定します。

7

植えた苗と苗、苗と盆のすき間にミズゴケを詰めます。

8

完成。1週間は半日陰の強風のあたらないところで管理し、ミズゴケが乾いたら水を与えます。

超ミニ盆栽の名脇役・苔図鑑

超ミニ盆栽の足元を
美しい緑でおおう苔はまさに
名脇役といえる存在。
日本の庭園でよく見る種類を紹介します。

スギゴケ
スギゴケ科。密集させて植え込むと、小さな杉林のような風景になる。日当たりを好む。

ヒノキゴケ
ヒノキゴケ科。糸のように細い葉がふさふさとしていて愛らしい。半日陰を好むので、合わせる樹種は限られる。

コスギゴケ
スギゴケ科。半日陰で湿り気のある場所などに群生している。スギゴケよりも丈夫で育てやすい。

ハイゴケ
ハイゴケ科。美しい黄緑色で這うように広がっていく。半日陰から日向を好む。夏は蒸れに注意。

エゾスナゴケ
ギボウシゴケ科。黄緑色で葉先に白い縁が入っているので明るい雰囲気をつくる。水はけのよい場所を好む。

超ミニ盆栽に
おすすめ樹木図鑑

さまざまな樹木で作ることができる
超ミニ盆栽ですが、
特におすすめの樹木をご紹介します。
苗木作りにもお役立てください。

❶ アケビ
アケビ科のつる性落葉小高木で、日陰を好む。手の平を広げたような5枚葉で、新緑のさわやかさは天下一品。

❷ アセビ
ツツジ科の常緑低木。スズランのような清楚な白い花を咲かせる。小さい鉢に入れるほど花が咲きやすいよう。

❸ アベマキ
ブナ科の落葉高木。樹皮は厚く、コルク層が発達している。根は太りやすいので個性的な盆栽になる。

❹ アメリカザイフリボク
バラ科の落葉小高木。別名はジューンベリー。2年性なので、種をまいてから2年後に発芽する。

❺ アメリカフウ
フウ科の落葉高木。多湿で肥沃な土を好むため、よく肥料を効かせ水を与えるとよい。寒さには強い。

❻ アロニア
バラ科の落葉低木。春は白い花が楽しめて秋は赤い実と紅葉の観賞を楽しめる。実は食用にもなる。

❼ イチョウ
イチョウ科の落葉高木。拾ってきたギンナンを土に埋めておくと発芽するが、果肉に触れるとかぶれるので注意。

❽ ウグイスカグラ
スイカズラ科の落葉低木。葉は卵形で花は小さく淡いピンク色。実は食べることができる。

❾ ウツギ
アジサイ科の落葉低木。根本からよく枝分かれし、若枝の赤褐色も美しい。丈夫なので育てやすい。

❿ ウバメガシ
ブナ科の常緑低木。樹皮は黒褐色(こっかっしょく)で、よく枝分かれする。実が大きくなるのは2年目以降。

⓫ ウメ
バラ科の落葉小高木。3月頃に葉に先駆けて花が咲くので、蕾(ツボミ)から開花までは水をたっぷり与えるとよい。

⓬ カイドウ
バラ科の落葉低木。垂れ下がった枝先に花を美しく咲かせる。秋に小さなリンゴのような赤い実をつける。

⓭ カエデ
ムクロジ科の落葉中高木。日当たりのよい場所で管理するが、夏は西日を避けた場所に。枝づくりがしやすい。

⓮ カリン
バラ科の落葉低木。生命力が強く、秋に紅葉し、葉が落ちるのを待つかのように新芽が動き出す。

⑮ クチナシ
アカネ科の常緑低木。つやのよい葉をつけ、初夏の花の芳香もすばらしい。寒さに弱いので植え替えは4月以降に。

⑯ グミ
グミ科の常緑、または落葉低木。つる性のものもある。盆栽では秋グミや寒グミをよく使う。

⑰ ケヤキ
ニレ科の落葉高木。直立した枝からたくさんの小枝を出す。秋に赤く紅葉する木と黄色く紅葉する木がある。

⑱ コバノズイナ
ユキノシタ科の落葉低木。枝先に白い小花がブラシ状に密生するように咲く。赤紫色を帯びた枝も美しい。

⑲ サクラ
バラ科の落葉高木。日当たりと風通しのよい場所で育てると花が咲きやすい。新芽の時期のアブラムシに注意。

⑳ スギ
ヒノキ科の常緑高木。冬枯れで茶色になっても春になると美しい緑色に戻る。花も咲くので花粉には注意。

㉑ トウカエデ
ムクロジ科の落葉高木。落葉する前に葉を切り取って剪定を済ませるようにするとよい。

㉒ ニシキギ
ニシキギ科の落葉低木。翼というコルク質の薄い板が枝につくのが特徴。秋につく赤い実は熟すとはじけて種を出す。

㉓ ネコヤナギ
ヤナギ科の落葉低木。ネコのしっぽのような花を早春に咲かせる。姫ネコヤナギは、夏の葉の緑が清々しい。

㉔ ネムノキ
マメ科の落葉高木。葉は暗くなると閉じて垂れ下がる。6〜8月にポンポンのような花が枝先につく。

㉕

㉖

㉗

㉘

㉙

㉕ **ハクチョウゲ**
アカネ科の常緑低木。芽吹く力が強く、白鳥のような白い清楚な花を咲かせる。八重咲きの斑入り葉もある。

㉖ **ヒトツバタゴ**
モクセイ科の落葉高木。別名ナンジャモンジャ。5月には枝先に白い小花が咲き、秋には果実も楽しめる。

㉗ **ピラカンサ**
タチバナモドキやトキワサンザシなど、赤い実がびっしりなるバラ科常緑低木数種類の総称。丈夫で育てやすい。

㉘ **ビワ**
バラ科の常緑高木。果実から種を取り出してから水洗いし、ミズゴケ実生(→P.24)で苗を育ててもよい。

㉙ **ブドウ**
ブドウ科のつる性落葉果樹。落葉したら、いちばん下の芽の上辺りまで切ると、翌年もスルスルと伸びる。

㉚ ブナ
ブナ科の落葉高木。丈夫で育てやすく、いろいろな樹形づくりを楽しめるのが魅力。紅葉も美しい。

㉛ ブルーベリー
ツツジ科の落葉低木。庭木としても人気があるが盆栽にも向く。小さな鉢でも、花、果実、紅葉が楽しめる。

㉜ マツ
マツ科の常緑高木。秋に採取したマツボックリを乾燥させておき、春彼岸のころに種を取り出してまくとよい。

㉝ モミジ
ムクロジ科の落葉高木。盆栽では、小さめの葉で切れ込みが深く赤く紅葉するものをさす。夏は水切れに注意。

㉞ レンギョウ
モクセイ科の落葉低木。地際からたくさんの枝を伸ばす。明るい黄花をいっぱいにつけて春の訪れを告げる。

■著者プロフィール

岩井 輝紀（いわい てるとし）

盆栽研究家、熱田の森文化センター・名鉄コミュニティーセンター「超ミニ盆栽」講師。愛知県在住。ミニ盆栽歴40年以上。趣味でミニ盆栽を続けるなかで、誰でも気軽に楽しめる3cmほどの盆栽「超ミニ盆栽」を考案し、その魅力や楽しさをブログで発信。手軽で新しい盆栽の切り口とともに、そのかわいらしさが人気となる。

【SHARE ON SNS！】

この本に掲載されている作品を作ったら、自由に写真をInstagram、Facebook、TwitterなどSNSにアップしてください！
読者の皆様が作ってみた、身につけた、プレゼントしたものなど…楽しいハンドメイドを、みんなでシェアしましょう！
ハッシュタグ をつけて、好きなユーザーと繋がりましょう！
ブティック社公式facebook　boutiquesha.official
「ブティック社」で検索してください。いいね！をお願いします。
ブティック社公式 Instagram　btq_official
ハッシュタグ　#ブティック社　#超ミニ盆栽　#草もの盆栽　#実もの盆栽　#小品盆栽　#風景盆栽　#鉢植え　#豆鉢など
ブティック社公式 twitter Boutique_sha
役立つ新刊情報などを随時ツイート。お気軽にフォローしてください！

必ず見つかる、すてきな手づくりの本

ブティック社ホームページ
https://www.boutique-sha.co.jp/
本選びの参考にホームページをご覧ください

■ Special thanks

松山美紗（solxsol）

多肉植物専門ブランド「solxsol（ソル バイ ソル）のクリエイティブディレクター。植物に関する知識やフラワーアレンジの経験を生かし、今回はPart4の「飾り方」のディレクションを担当。著書に『solxsolの多肉植物・サボテンを育てよう』、『solxsolの多肉植物・サボテンと暮らそう』（ブティック社）。

ホームページ
https://www.solxsol.com/

■ Staff
編集統括　　浜口健太
撮影　　　　江村伸雄
写真提供　　岩井輝紀
デザイン　　佐野裕美子
DTP　　　　天龍社
編集・制作　株式会社 童夢

つくる・育てる・飾る！ 超ミニ盆栽 新装版

2019年7月10日　初版発行

編集人　佐々木 曜
発行人　内藤　朗
印　刷　大日本印刷株式会社
発行所　株式会社ブティック社
　　　　〒102-8620　東京都千代田区平河町1-8-3
　　　　編集部直通　TEL 03-3234-2071
　　　　販売部直通　TEL 03-3234-2081

PRINTED IN JAPAN　ISBN：978-4-8347-9016-0

【著作権について】
Ⓒ株式会社ブティック社　本誌掲載の写真・イラスト・カット・記事・キット等の転載・複写(コピー・スキャン他)・インターネットでの使用を禁じます。また、個人的に楽しむ場合を除き、記事の複製や作品を営利目的で販売することは著作権法で禁じられています。万一乱丁・落丁がありましたらお取り替えいたします。